光看沒有酒 櫻花算個屁

李長聲日本妙譚集2

中和出版
OPEN PAGE

序言

一九八八年借帆東渡，日本的年號是昭和，轉年改為平成。出國之際曾作詩，說「歸棹十年後，知非一夢長」，卻一晃僑居三十年，年號又改為令和。沒見到萬象更新，令和也二年（二〇二〇年）。親歷三個年號，好似三朝，感慨繫之矣。

年號，就是給年起個名，以便紀年。本來是中國人創造，漢字文化圈裡通用，後來被中國棄之如敝屣，世上現今只剩下日本還用着。他們說這是日本的歷史傳統，很有點驕傲，或許中國人聽了心裡不大是滋味。據《日本書紀》記載，五五三年從朝鮮半島的百濟來了「曆博士」。誅殄蘇我氏勢力，皇極女皇讓位給孝德天皇，這是日本首次禪讓。六四五年孝德天皇即位，定為「大化元年」，這就是日本年號之始。大化的出典，史無記載，《漢書》上倒是有「為民興利除害成大化」。孝德天皇死，被奉為皇祖母尊的皇極女皇再度出山，稱齊明天皇，未改元。六五〇年鄉人獻白雉，以嘉瑞改元「白雉」。但新羅統一了朝鮮半島，建元，六四八年唐太宗問新羅使臣：既然稱臣於大唐，為何還自立年號？新羅趕緊改用唐年號，可能日本也沒敢用自制的年號。六六〇年唐軍援助新羅打百濟，六六三年日本出兵二萬七千餘救援，被唐和新羅的聯軍打得落花流水。擔憂唐軍打過來，在博多灣「築大堤貯水，名曰水城」，設置防人和烽火，如今遺跡也算是一景。《萬葉集》裡收有防人寫的歌。此後一連三代未改元。六八六年，天武天皇病篤，天下之事不問大小都交給天皇和皇太子，他們祈願天皇好起來，改元「朱鳥」。天皇駕崩，皇太子夭亡，皇太后即位，是為持統女皇，未建元。後來讓位給孫子，即文武天皇，持統女皇為太上天皇。七〇一年，以對馬島貢金的祥瑞定為「大寶元年」。同年頒佈大寶律令，其中規定了「凡公文記年，皆用年號」。

這次改元很可能是得知大海彼岸武則天稱帝，改國號為大周，趁機一搏。一百年前聖德太子不就爭得隋煬帝寫信，「皇帝問倭皇」，以一「皇」字平等嗎？七〇二年派出遣唐使，使臣自稱日本國，當然也使用天皇的名號和年號，武則天聽了，愛叫啥叫啥，名隨主人。自此不再叫倭，改名日本，他們又自稱大日本。普天之下莫非王土，王不僅統治空間（地理），還要用年號來統治時間（歷史），而日本用獨自的年號也昭示國家的獨立，自立於民族之林。日本在漢字文化圈裡這樣特立獨行，也是得天獨厚。它在大海之中，離中國不近不遠，近得能來中國拿這拿那，又遠得唐玄宗也「矜爾畏途遙」。所謂一衣帶水，這是有了近代交通之便以後的事。

日本也使用干支紀年。九〇一年是辛酉年，文章博士三善清行主張，辛酉為「革命」之年，甲子為「革令」之年，都必須改元。於是以讖緯說改元「延喜」。九六四是甲子年，改元「康保」。這種「革年改元」可算是日本對年號的改造。康保是村上天皇的年號。宋代女詞人李清照的丈夫叫趙明誠，著有《金石錄》，記錄了「日本國誥，題康保五年。日本在海東，自漢以來見於史，然與中國不常通」。又說：「余家集錄金石刻凡二千卷，外國文字著錄，獨此而已」。

明治元年天皇詔曰「自今以後革易舊制，以一世一元為永式」。所以，一九四五年戰敗，如此年份也沒有改元。佔領軍總司令麥克阿瑟替日本保留了天皇，至於年號制度，說是把天皇當權威有違憲法，昭和可以習慣地使用，年號法制化就等佔領結束後再搞吧。天皇也好，年號也好，按我們的習慣，說廢也就廢了。

一九七九年終於制定元號法。年號不是由天皇下詔，而是政令定，人們在電視上便看見內閣官房長官舉着墨書的兩個字宣佈。具體的規定：年號用兩個字，意思要好，符合國民理想；要易寫易讀，以前沒當過年號或謚號，也沒有被俗用。明治、大正、昭和、平成的羅馬字頭分別是M、T、S、H，令和為L，這樣，例如填寫出生年月日，我就在S上畫個圈兒，寫上二十四（一九四九年）。年號和公曆，兩種紀年法並用，當然不便利，但好像用年號對事情別有記憶。存續年號的一大理由，似乎首先是世界上唯日本有之，所以不能丢。多數人喜歡日本有這個獨自性，向西方宣示日本文明的存在。它像個標籤，讓日本人別忘了自己是日本人，心裡也記着與天皇同在。不過，全球化時代，與世界接軌，實際上各種媒體、人們平常說話大都用公曆。

從年號能看到日本是如何拿來別國的東西的。魯迅說：「他們的遣唐使似乎稍有不同，別擇得頗有些和我們異趣。所以日本雖然採取了許多中國文明，刑法上卻不用凌遲，宮廷中仍無太監，婦女們也終於不纏足。」中國就好似琳琅滿目的店鋪，日本恨不能整個搬將回去，像桃太郎那樣，卻終歸只能是挑挑揀揀。十世紀他們提出了「和魂漢才」的原則，也就是千餘年後我們張之洞所主張的「中學為體，西學為用」。據說是菅原道真主張的：「凡神國一世無窮之神妙，非他國之所得而窺知，漢土三代周公之聖經雖然可學，但其革命之國風所當深加思慮。」所以，不能把民本主義者孟子肯定易姓革命擇了來，甚至嚇唬說，船上若載了孟子，就會底朝上。沒拿來孟子，果然天皇家萬世一系。明人謝肇淛在《五雜俎》中記了此事，只當作「亦一奇事也」。

不過，有時也未必是「善於別擇」（周作人語）。不好的固然不拿，但有的想拿也未必就拿得來。例如科舉，這種不問出身以考試選拔官吏的制度，日本何嘗不想學，也真的學了，平安時代曾施行「方略試」，後世奉為學問之神的菅原道真、與他為敵的三善清行先後合格。但終於搞不下去，因為不合國情，能把漢詩文精通到應試程度的人為數太少，而且血統和門閥的世襲始終是穩固的社會結構，江戶時代末年福澤諭吉仍痛恨「門閥制度乃父親之敵」。

前面引用了魯迅的話，那是他翻譯了廚川白村著《出了象牙之塔》寫在後記裡的。還寫道：「最幸福的事實在是莫過於做旅人，我先前寓居日本時，春天看看上野的櫻花，冬天曾往松島去看過松樹和雪，何嘗覺得有著者所數說似的那些可厭事。然而，即使覺到，大概也不至於那麼憤慲的。可惜回國以來，將這超然的心境完全失掉了。」我旅居日本，未必是上野，春天總要去看看櫻花，但面朝大海，給國內寫這些小隨筆，心境到底不能完全是超然的。

感謝中和的總編、責編、美編，又為我的小書付出心血。何以為報，唯巴望讀者愛讀。

李長聲

目錄

第二篇　作家雜談

第一篇

文化細讀

看懂日本字

圖樣圖森破，奇妙奇天烈。

聽說前一句是英語的音譯，我給配上後一句，是「字譯」，即照搬日本的漢字，意思是大大的奇妙。前若天真，後必奇妙，太天真則太奇妙。

漢字文化圈表面上已不復存在，中國的四海之外，這地球上只有日本還使用漢字。對於漢字，日本人頗有文化胸懷，從來就當作自家的文字，不像朝鮮半島人抱有抵觸情緒。以前在一所大學教中文，給九〇後學生見識一下中國報紙，滿堂的女生驚呼全都是漢字啊，比「脖子扭幾扭」更可愛。他們會說喜不喜歡漢字，因為日本不單有漢字，還有平假名、片假名以及羅馬字，而我們中國人若不用漢字，還能寫甚麼呢？女生有討厭「蛋」的，因為有蟲子；也有討厭「苺」（莓）的，因為像有毒。這算是卡哇伊呢，還是矯情？日本人覺得他們對於漢字比我們中國人更具有細部的觀察，更多些深思。

我喜歡日文書，漢字與假名搭配，清疏有致，不像中文書佈滿漢字，好似萬里長城用方磚砌得嚴嚴實實，又好似漫山遍野的青紗帳密不透風，足以跟鬼子周旋。日本人之所以是日本人，因為說日語。當我們談日本漢字時，我們是在談日本人，談日本文化。走上東京街頭，只要不開口，從外貌不大看得出誰是中國人。難怪電視劇總讓日本兵「哈伊」、「巴嘎」，說些觀眾以為日本話的中國話。現而今銀座正無限地接近北京王府井，國人皆備有一副國嗓兒，整條街上高談闊論，幾乎使日本人又有被佔領的感覺。

經濟起飛了，文化就跟在經濟的屁股後頭飛出去，就日本來看，真像是這麼回事。所謂「和製漢語」好像小蜜蜂，不斷地飛進我們改革開放的花叢中，例如職場、人氣、完敗。漢字被日本人拿去，不論是音讀還是訓讀，都變成了日語。和製不是為漢語而製，製造的是大和語言，也就是日語。我們照樣搬了來，用人家的意思，這也是一種翻譯，我稱之為「字譯」。以漢字的本家自居，順手拿回來，認祖歸宗，反而還有點不屑，這正是日本文化的鬱悶之處。

音譯還是字譯，有時頗為難。教中文時，告訴每個學生姓名的讀法，碰到一女生，名字用假名，問她漢字怎麼寫，她回答：起名就沒用漢字。我認為這時候應該學日本的假名，乾脆用拼音。例如宇多田光當歌手，覺得漢字硬，特意改用了假名，似不妨用拼音來翻譯，雖然我們對拼音還沒有軟硬之感，不然，隨便還人家本來面目，未免太霸道。有一位漫畫家兼隨筆家，叫東海林さだお，本名是莊司禎雄，姓換了同音的漢字，名改用假名，如何翻譯是好呢？有的和製漢語照搬過來意思並不通，例如「人間蒸発」，日語的「人間」指抽象意義的人，莫非發覺人間蒸發說不通，有人便自作聰明地改為從人間蒸發。日本使用的漢語也被他們本地化，例如「晚酌」，我們中國人一見就感到雅，「謂猶存唐代遺風，非現今中國所有」（周作人語），然而日本人說它，意思卻是在家吃晚飯時喝上幾杯酒，何雅之有。對日語望文生義，自作多情，常造成我們對日本的誤解。

戰敗後日本向美國一邊倒，多用英語造詞，英美人聽「和製英語」也是一頭霧水。日本人的漢字能力一代不如一代，只剩下音譯外國語的本事。「俱樂部」，本來是他們自鳴得意的譯語，可以和中國音譯的「可口可樂」媲美，但中國拿來還用着，他們反倒常用片假名了（クラブ）。「螨」字是日本人製造的，現今中國已無人不識，但日本放棄它，改用了假名。雖然有電腦、手機替人寫漢字，漢字的趨勢也不容樂觀，甚至更使人只知其音，不記其形，令一些憂國之士起而宣揚漢字之美。

漢字誕生在中國。二〇一六年秋東京富士美術館舉辦過海外文化交流特別展「漢字三千年」，就是說，漢字至少有三千年的歷史，比美索不達米亞文明的楔形文字和埃及文明的象形文字晚了些時候。日本列島上本沒有文字，不知是幸還是不幸，近鄰的中國早就發達了文字，想不拿來都不行，當然更可能是渡海而來的大陸人帶來的。

《後漢書·東夷列傳》記載：「建武中元二年（五七）倭奴國奉貢朝賀，使人自稱大夫，倭國之極南界也，光武賜以印綬。」二百多年前的一七八四年在博多灣的志賀島（福岡縣），一農民修整水田時搬開大石頭發現這顆印，樣式與漢武帝賜給滇國王的金印相同，鐫刻「漢委奴國王」五個字，乃日本列島上所見最古遠的漢字。用漢字「委」和「奴」表記國名的發音，這就是後來日本人使用的萬葉假名方式。有這樣的笑談：中國人最初見到日本人，聽他們「哇」、「哇」（ワ）叫，就記作「委（倭）」，奈良時代（七一〇至七八四）提高了漢語水平，覺得倭字不好，代以「和」字，又冠以「大」字，到了明治就自稱大日本帝國。

據兩部最古老的史書《古事記》和《日本書紀》記載：應神十六年，王仁從百濟攜《論語》和《千字文》渡海而來，皇太子跟他學習，無不通達。這個王仁被奉為舞文弄墨的始祖。應神朝大約在四世紀末五世紀初，日本人開始自主地使用漢字，距今已經有一千六百年。《隋書》記載，六〇〇年倭國遣使赴隋朝貢。大陸人東渡不絕於途，每個人本身就是個中國文化。從朝鮮半島也渡來很多知識人，如六〇二年百濟僧觀勒帶來曆書和天文地理、遁甲方術的書籍；六一〇年高句麗派來僧曇徵，精通五經，帶來了良紙的製造技術；六一二年從百濟來的味摩之教授他在吳地學習的伎樂；六二五年高句麗僧慧灌到日本傳佈佛教宗派之一的三論宗。七一三年元明女皇下詔用「好字」把郡鄉的名稱都改用兩個漢字，於是「車」這個地方改稱「群馬」，再後來就有了群馬縣，那裡現在也好吃馬肉，而且吃生的，僅次於熊本縣。影響所至，後世的姓名以及明治年間的譯語也好用兩個字。

日本多山，自古有自己的叫法，傳來了漢字，形音義俱全，於是山這個字就有了兩種讀法。按固有語言讀，叫訓讀，模仿中國發音叫音讀，日語天然般具有了雙重構造。或許訓讀也使他們有一種漢字為我所用的感覺。一字多音，讓學習日語的人怵頭。例如「首相を相手に相談する」，「相」字讀三個音。這些音的背後潛藏着中國的歷史。例如「行」，音讀有幾種，讀「ギョウ」是吳音，可能從三國時代的吳楚之地傳來的，傳來得最早（比吳音更早的，統稱古音）；讀「コウ」是漢音，遣唐使們聽長安人這麼說話，認真學了來；讀「アン」是唐音，宋、元、明、清各朝傳入日本的，主要是江南一帶的發音。此外，「行」還有幾種訓讀。「人」有兩種音讀，ニン是吳音，ジン是漢音。「男」，吳音讀ナン，漢音讀ダン；「女」，吳音讀ニョ，漢音讀ジョ。中國地域廣大，歷史多變，給日本人帶來麻煩，卻也怪他們似乎不大有中國人那種舊的不去新的不來、不破不立的心思，一把火燒了阿房宮（咸陽宮？），而是吃着碗裡看着鍋裡，要新的，也不丟舊的，兼收並蓄。我們說豬通常指家豬，野豬則要加一個野字，豚豕彘只剩在成語裡，而日語保持着豬和豚，前者是野豬，後者是家豬。到了亥年，中國畫肥肥的家豬，日本的賀年片上大都是帶有獠牙的野豬，這才有豕突狼奔的氣勢。

當今天皇說過：「據《續日本記》記載，桓武天皇的生母是百濟武寧王的子孫，所以我覺得與韓國有緣。」日本叫日本，天皇叫天皇，肇始於這位桓武天皇在位的時候。他下詔（原文係古漢文體，照抄）：「明經之徒，不可習吳音。發聲誦讀，既致訛謬。熟習漢音。」七九四年桓武天皇遷都到山河襟帶的京都，號稱平安京，從此至十世紀初，唐風文化風靡貴族階層。平安朝廷把長安的發音定為中國標準語，漢音為「正音」。《日本書紀》是比着《漢書》《唐書》撰寫的正史，萬葉假名主要用漢音，而《古事記》基於奈良時代的文獻，用傳統的吳音。

七〇二年山上憶良奉使遣唐，《萬葉集》裡有一首他在大唐寫的和歌，意思是趕快回國吧，海邊的松樹也翹望着呢。也用漢語寫文章，有《沉痾自哀文》，其中引用了《遊仙窟》。或許就是他最先把此書帶回日本，紫式部學它寫出源氏的風流故事《源氏物語》也說不定。

漢字傳到日本，形、音、義以及用法都發生了變化，亦即日本化。例如咲，本是笑的異體字，日本從「鳥鳴花咲」引申為（花）開。傳說神功皇后遠征新羅，垂釣以占卜吉凶，釣上來アユ，魚＋占，於是寫成了鮎字。鮎是一種溪流中的小魚。廟會上常見小攤賣鹽烤鮎，再買杯啤酒，把魚從頭吃到尾，只剩一根竹扦子，才不枉逛字。

日本人善於模仿，並加以改造，就變成自己的東西。他們也自造漢字、漢語。中國漢字八九成是形聲字，但日本造的字，叫作國字，多是用會意。例如蝦，中國本來是鰕，即使變成蝦，還是形聲字，而日本拿來鰕（蝦），音讀カ，訓讀エビ，又按照蝦的形象找來「海老」這兩個漢字表記。進而把海老跟長壽聯繫起來，過年的吃食中就有了紅彤彤的大蝦。多了一個字，不如蝦簡潔，於是用耆老的耆造了個會意似的「蝫」字，卻遭到冷落。江戶時代又造個「蛯」字，如今也常見。地名有北海道的蛯谷，人名有女模特蛯原友里、男演員蛯澤康仁，要是引進到中國，就得仿姥姥的姥，變為形聲字。

日本多雪，用「雪」作偏旁造了十幾個字，例如「鱈」。江戶年間學者以中國為規範，對這個字加以排斥，卻被漢字本家拿了來。烤鱈魚片大概是改革開放之後我們較早嘗到的日本味兒。清代引進這個字，說是日本異字，《辭海》收此字就不再提來處，而且被簡化。日本造的是會意字，或說下雪時節這種魚有汛，或說它的肉白似雪，有人曾作詩「鱈魚作鱠滿銀盤」，但我們把它變成形聲字，讀若雪。一般是某物或某概念在中國的漢字裡找不到相當的字，不得已而造之。也時有例外，例如「嶺」，本來中國有形聲字，但他們自造了一個會意字「峠」，顯示一下學有所成。江戶以及明治時代的作家有遊戲之心，用漢字寫日語詞，例如把でたらめ寫成「出鱈目」，意思是荒唐。國字在日本人使用的漢字裡不到百分之一，現今二千一百三十六個常用漢字當中有十個字純粹的國字。

《萬葉集》裡有一首山上憶良寫的和歌，是一溜漢字：阿麻社迦留比奈爾伊都等世周麻比都都美夜故能提夫利和周良延爾家利。原來他只是用漢字的音，念出來是日本話，好比我們寫「巴嘎」，說給日本人聽，他們就聽出是日語的混蛋。

這首和歌的意思是他在地方上住了五年，連都城的風習都忘了。置漢字的意思於不顧，只利用音表記日語，叫「萬葉假名」。萬葉指《萬葉集》，這部現存最古老的歌集中多用這法子「錄音」。假名，就是假的字，而原裝進口的漢字叫真名（真字），很顯得謙虛，卻也是日本文化「造假」之始。平假名、片假名是「假」的，萬葉假名用漢字標音，叫作真假名。一字一音，例如天寫作「阿米」（あめ）、春寫作「波流」（はる）、心寫作「許己呂」（こころ）、懷念寫作「名津蚊為」（なつかし）。《萬葉集》裡把山寫作「也末」、「八萬」、「夜麻」、「野麻」，讀若やま，並沒有定規。甚至玩文字遊戲，例如「十六」，卻讀作しし（四四），來自小九九口訣的四四一十六。萬葉假名的方法並非日本發明，中國翻譯佛經早就使用了。中國史書把當時日本列島上的女王國叫作「邪馬台」，女王叫「卑彌呼」，用漢字寫其音，日本人照貓畫虎就有了萬葉假名。有人稟奏倭人擅自把國名改為「日本」了，武則天說：願意叫啥就叫啥唄。這就是中國的名從主人原則。雅馬哈，大名鼎鼎，本來是創業者的姓「山葉」，音譯雅馬哈，本人也不敢認了吧。飆車團夥

把「請關照」寫成「夜露死苦」（よろしく），倒是很有點傳統文化。

解構再結構漢字的字形產生草書，唐時有張旭狂草。平安時代遣唐使帶回來很多當世的書法範本，日本也出現書法家，九世紀初葉有「三筆」：嵯峨天皇、空海、橘逸勢。到了平安中期，藤原行成（九七二至一〇二七）使「和樣之書」大成，所書《白氏詩卷》（錄白居易詩八首）被譽為巔峰之作，竟至於「無人不持行成法帖」。東京國立博物館曾舉辦《藤原行成書法其流行與傳稱》，原題用「傳稱」一詞，國民辭書《廣辭苑》裡卻不見，不知是高估了觀眾的漢字水平，抑或「傳承」之誤。日本到處有「月極停車場」，遊客或以為是月極家族的產業，其實「月極」本該寫「月決」，按月決算也。最猛烈批判文字改革的福田恆存說過：同音字替換，例如用「模」替換「摸」，是破壞國語的誘導。

《白氏詩卷》的筆法有楷、行、草三體，變幻多姿。平安時代人們寫萬葉假名也越寫越草，缺胳膊少腿，這種草體的萬葉假名叫草假名。平安貴族男女談戀愛不是唱山歌，而是互相用假名文字寫和歌，所以萬葉假名也儘量採用女性易學易用的漢字。把常用的草假名加以整理，進一步規範，產生平假名，例如「也」

字形成「や」。二〇一五年在平安京遺址發現了一枚九世紀後半的木簡，寫了一首和歌，有幾個字體已無限地接近平假名。我們從草體字裡得到簡體字，仍然是漢字。平假名的平，平易也，不會漢字的人也能用。日本自誇識字率超高，但過去婦女兒童認識的是假名，並非漢字。平假名也叫女假名、女手，起初主要是女性用，她們使平假名更為洗練，用它寫出了《蜻蛉日記》《枕草子》《源氏物語》等作品，濫觴了日本文學。貴族男人們基本用漢字以及萬葉假名作文章、記日記，所以萬葉假名又叫男假名、男手。紀貫之用假名為日本第一部敕撰和歌集《古今集》作序，還用假名寫了日本文學史上第一部日記文學《土佐日記》，不過，他假託為女人。

書法有草書，也有楷書。抄經要恭謹，不能筆走龍蛇。菩薩，這兩個字現在寫起來也有點麻煩，大唐的和尚抄經，不知是偷懶還是欲速，乾脆只留下兩個草字頭，刷刷地寫作艹艹。日本和尚也有樣學樣，這樣用漢字的碎片創造的假名寫法叫片假名。韓國學者李御寧著有《取向「縮」的日本人》，把日本人改造中國文化變為日本文化的手法歸納為六種，其一是削，把漢字削成了假名。其實這方法本來跟中國學的。江戶時代以前片假名使用的範圍有限，主要用於佛教、註釋之類的書籍。三大隨筆之一《方丈記》作於一二一二年，用的是片假名。

假名具有模糊性。例如繡毬花，日本叫紫陽花，寫出三個漢字，好像那花就是紫色的了，用假名寫作あじさい，便好似村上春樹小說「不帶顏色的」了。我記日本人名，只聽發音很難記得住，非在心裡過一下漢字不可。

一九九三年美智子皇后正要過五十九歲生日，突然說不出話來，據說是日本媒體抹黑她所致。得的是失聲症，聽說這種病症為日本所獨有。大腦哪裡出故障，不認識假名了，但漢字還認得，能點頭搖頭地反應。

十六世紀火槍進入日本，葡萄牙人登陸傳教，日本人學來羅馬字，又多了一種表記方式，甚至用羅馬字把《平家物語》翻譯成口語出版。拿來了未必就行之有效，譬如梵文就只有在墓地裡看見。「卒塔婆」，立在墳墓後面或旁邊的細長木板，上面寫的是梵文五個字：空風火水土。

一九四五年也漸行漸遠。那一年八月，麥克阿瑟將軍叼着大煙斗走下飛機，日本被佔領，旋即被恣意改革。天皇降格為人，主權在民，放棄戰爭，解散財閥，男女同權，農地改革，等等，還有文字改革。井上廈寫過一個小說，叫《東京七玫瑰》。國破國語在，但漢字被視為諸惡之源，七個向美國大兵賣春的女郎挺身而起，阻止美國佔領軍以及日本官僚推行日語羅馬字化乃至變成英語國家的企圖。佔領軍霍爾中尉揚言：「你們不是曾強迫朝鮮半島的人放棄母語朝鮮語，使用日語嗎？在印度、中國、泰國、緬甸、印度尼西亞的小學裡把日語作為必修課嗎？不是要把大東亞共榮圈的標準語定為日語嗎？對別人幹的事忘得一乾二淨，別人要幹同樣的事就暴跳如雷，豈非咄咄怪事。」

這個霍爾中尉實有其人，在盟軍總司令部的民間情報教育局語言科任職。一九四五年六月他在加利福尼亞擔任日本佔領教育計劃主任時提出廢除漢字、使用片假名的計劃，未被採納。來到一敗塗地的日本，又兜售羅馬字化。一九四六年三月美國教育使節團被盟軍總司令部請來，受到和式招待，悠哉遊哉地調研二十多天，並參考霍爾的意見，提出了報告。共六章，第二章是國語改革，選擇有三：一是減少漢字數量，二是全廢漢字，只用假名，三是採用羅馬字。使節團認為最好是全廢了漢字這種書寫語言，採用羅馬字，音標文字系統大大有益於民主主義的市民精神以及與國際接軌，而且當下是説幹就幹的大好時機，過了這個村，幾代也不會再有這個店。

可不是嗎，日本人齊刷刷投降，當時把天皇廢了也就廢了，漢字説廢也就廢了，從此入歐。當初創造漢字這勞什子把鬼神都嚇哭了，對於只會用幾十個字母的歐美人來説難於上青天。那麼多國家欺負中國，中國人最記恨日本，恐怕也不無它使用漢字之故。連不識字的阿Q看見那些漢字也要把日本認作小D。「這小D，是一個窮小子，又瘦又乏，在阿Q的眼睛裡，位置是在王胡之下的，誰料這小子竟謀了他的飯碗去。所以阿Q這一氣，更與平常不同。」（魯迅《阿Q正傳》）

限制乃至廢除漢字其實是日本人自己始作俑。江戶年間新井白石等人驚訝西洋文字就那麼幾個，批評日語的漢字太多，是議論國語改良之始。國學家賀茂真淵、本居宣長、平田篤胤都主張假名優於漢字。一八六六年前島密向幕府十五代將軍德川慶喜呈遞「漢字廢止之議」，主張像西洋那樣採用表音文字——平假名。此公後來當明治政府的郵政大臣，他製造的「切手」一詞令中國人望而生畏，不曾拿了來，還是用我們的郵票好。製造了「科學」、「知識」、「定義」等譯語的西周主張用洋字寫國語，森有禮更揚言把國語改為英語，他當過日本第一任文部大臣，被國粹主義者刺殺。一八六〇年福澤諭吉在舊金山買了一冊清人子卿編的《華英通語》，回國後用片假名注音，出版《增訂華英通語》，這就是他的第一本出版物。至今在萬元大鈔上露臉的福澤當初的意見是先把漢字數量限制為二千或三千再說。十九世紀末輿論傾向於限制漢字。皇軍並不像我們的抗日神劇演的那麼有文化，從窮鄉僻壤徵用的大頭兵認不得槍械名稱，所以政府、軍部、媒體三者聯手對漢字加以限制，戰敗後漢字改革又加上國語學家。某報發表社論《廢掉漢字喲》，被稱作小說之神的志賀直哉提出用「世界最美的語言」法語取代日語。二十多年後文學家丸谷才一叱責志賀直哉的「這一醜態」：「想到他是用日語寫作的代表性文學家這一因素，我們就會對近代日本文學的貧困與程度之低深感羞愧。」不過，也有人支持志賀，如一九九〇年代當過東京大學校長的蓮實重彥。創辦國立民族學博物館的梅棹忠夫一輩子鼓吹廢除漢字。

一九四六年政府提出了方案，減少漢字使用量，規定一千八百五十個漢字為

「當用漢字」，貓啦熊啦都不用了，犬還用，因為有狂犬病。識字水平都一樣，人人能讀報，實現了平等。「當用漢字」只用於學校教育和報刊，作家的寫作不在此限，書裡多用漢字顯得有學識。本打算先減少漢字使用量，逐步地，最後廢除漢字，但人算不如天算，時代未必按某些人的意志進步，一九八一年「當用漢字」改稱「常用漢字」，增加到一千九百四十五個。這些漢字是「法令、公用文書、報紙、雜誌、廣播等一般社會生活中表達現代國語時使用漢字的基準」，就是說，不具強制性，也可以使用「常用漢字表」以外的漢字。隨着信息化社會進展，二〇一〇年修改「常用漢字表」，增加到二千一百三十六字，熊本縣的「熊」啦，鹿兒島縣的「鹿」也就是沒有圍牆的奈良公園裡遊走的鹿的「鹿」啦，也終於都收了進去。

常用漢字是文部省制定的，另外還有「人名用漢字」，由管理戶籍的法務省制定。戶籍法規定，給孩子起名「必須用常用平易的文字」。一九七六年司馬遼太郎的小說《如翔》暢銷，很多人就想用「翔」字給孩子起名，但衙門不受理，因為「人名用漢字表」裡沒有這個字。一九八一年人名用漢字增加五十四個字，有遼、莉、翔等，從此三十多年來翔字一直高居給男孩子起名用字的前十位。二〇〇四年又增加「狼」字，居然有好些父母想叫兒子太狼甚麼的，但願他們不會養個白眼狼。給孩子起名「腥」，莫非以為是星月同輝麼？

語言是交流的工具，從這一點來說，統一為好。只講自己的話，不懂對方的話，無法交流。反對統一的理由往往與其說是文化的，不如說是政治的。正字與別字俱在，繁體與簡體並存，對於被一統而簡化的一代如我者來說，匪夷所思。德富蘇峰和德富蘆花兩兄弟反目，一個就拿掉「富」字頭上的點，但到了中國不得不給他按上蔥花似的寶頂。「吉」，有把下一橫寫長的，似乎武家寫作「士」，農民寫成「土」。「桜」或「櫻」，繁體字是一個女人佇立樹旁，仰望像貝殼一樣的櫻花，簡體字則像在仰望櫻花的散落，憑着對漢字的幻想乃至妄想，想寫哪個就寫哪個。自由是自由了，卻徒然增加了混亂與麻煩，不是説日本人最怕給人添麻煩麼？這種多樣性，簡直是疊床架屋，也有違所謂簡素之美。不過，外來語可能有時代感，繁簡字可能有微妙的差異。「桧」與「檜」，用這種木材做的浴池是溫泉旅館的招徠，見「檜」油然生和風，而「桧」字總讓我想起秦桧，不由地感歎「取醉他鄉客」。

光看沒有酒，櫻花算個屁

遊日本，購物之餘，賞櫻是一個項目，但看到一樹樹怒放的櫻花下日本人成群結夥地聚飲，不禁皺起了眉頭，這到底是愛花還是愛酒呢？江戶時代有這樣一首「川柳」（打油詩）：光看沒有酒，櫻花算個屁。我不學好，也跟着年年以賞花為名恣意痛飲，還寫打油詩：

丟下書刊且縱懷，
呼朋攜酒為花來；
滿園餘悸冬顏色，

盡把枝頭作雪開。

日本人好酒。但，古來百姓皆寂寞，惟有文人留醉名。以前被稱作文人的，大都是酒色之徒，以見無行。寫和歌的歌人若山牧水每天喝一兩升，死在了盛夏，屍體卻不腐，醫生驚歎他活着就浸在酒精裡。吉田健一是評論家，他老子就是那位戰敗後跟美國爭日本地位的首相吉田茂，說：「理想是從早晨開始喝，一直喝到第二天早晨。」這種話讀了樂樂罷了，不可以當真，否則，他寫不出那麼多文學評論和美食隨筆。「快樂儘可能長些，這就是使人生幸福的方法」，此話倒可取。他愛喝葡萄酒和清酒，但想喝時威士忌也行，兑水喝一杯再繼續寫作。

文人大都有自己偏好的酒，例如夏目漱石腸胃不好卻也愛喝兩口，尤其好「白牡丹」，還寫過俳句：白牡丹，李白扭臉望東邊。谷崎潤一郎愛喝「吳春」，那酒坊主人曾幫他校對過《細雪》等作品。尾崎士郎說他「人生的滋味凝聚在賀茂鶴中」，據說他一向把一大瓶「賀茂鶴」立在旁邊，邊喝邊執筆。京都有酒叫「古都」，商標的字是川端康成寫的，他認為這酒的風味才是京都味兒。晚年和評論家桑原武夫外宿，川端問：你知道「古都」這種酒嗎？答曰不知。於是寒夜裡他步行半小時去買了來對酌。我特別佩服日本人好酒的真誠。

好多年前了，遠在山口的友人歲暮饋我一瓶「獺祭」酒，想起詩人李商隱為文引經據典，被說「獺祭魚」，俳人正岡子規別號「獺祭書屋主人」，覺得這牌子有意思。安倍晉三花開二度任首相，他的選區是山口，幫票田推銷，把「獺祭」送給美國總統奧巴馬。當然是頂級的，老奧真能喝出味兒來嗎？這種酒偏甜，更適於女性飲用。

「白牡丹」、「吳春」、「賀茂鶴」、「古都」、「獺祭」都屬於清酒。據說當今清酒有五千來種牌子，基本用漢字起名，我們中國人一見就認得。浮世繪畫師喜多川歌麻呂擅畫美人，這也是很多中國人喜歡的，他畫了十幅荒唐女人圖，其一是持螯痛飲。若不知是用來教訓父母管教不嚴的，以為畫的是湘雲呢。圖中的杯子是荷蘭的玻璃杯，透明。杯中酒是清酒，證據在於她敞懷露臂的衣服上隱隱地畫着「劍菱」、「男山」等名牌清酒的紋樣。

一六〇三年德川家康受封為征夷大將軍，在江戶設幕府執掌天下，至一八六七年第十五代德川將軍拱手獻城，史稱這二百六十五年為江戶時代；喜多川歌麻呂卒於一八〇六年，另一位畫師葛飾北齋比他多活四十年，這二位是浮世繪的雙峰。今天所說的日本傳統多始興或定型於江戶時代，而喝酒的習性古得多。一般說釀酒是隨着稻作從大陸傳入日本的，似乎也找不出考古證明。日本人祖先摘果子吃的時候也應該喝過腐爛發酵的果酒，後來種稻吃米，學會做米酒，一下子跨越式發展。曹操曾發佈禁酒令，但到了陶淵明在世，酒喝得更兇，以至白居易說他「篇篇勸我飲，此外無所云」。恰好在曹操與陶淵明之間陳壽《三國志》記下了倭人，性嗜酒。從倭人到日本人，千餘年喝的是濁酒，江戶時代才澄出清酒，畫出浮世繪。

江戶在江戶時代之初還沒有獨特的飲食文化，物品多是從「上方」（京都、大阪一帶）販運而來，酒就叫「下行酒」。糖化需要高溫，起初不是像現在這樣天涼了以後忙釀酒，而是在夏天裡。八世紀都城在奈良，朝廷設有「酒造司」，末葉遷都到京都，有「酒部」人家為朝廷造酒。皇權衰落，造酒變成寺院的營生，而且僧侶有文化，跟大陸往來，進一步改良技術。織田信長稱霸時寺院遭打擊，造酒技術流散到民間。兵庫縣伊丹市有個地方叫鴻池，立了一塊碑，上書「清酒發祥地」。據說一六〇〇年這裡採用加灰水的法子去除天熱易發生的雜菌，產生透明感，釀造出「澄酒」，由濁變清。伊丹一帶成為上方釀酒業的中心。伊丹酒，雅稱「丹釀」，居住京都的儒學家賴山陽說：只要有伊丹酒和琵琶湖魚，到哪裡為官都可以。葛飾北齋不喝酒，好的是甜食。一八一四年出版《北齋漫畫》初編，畫有人物百態，其中一人單臂舉起大酒樽。樽上有七個黑點，那是伊丹酒名牌「七梅」的標誌。喜多川歌麻呂的畫裡也屢次出現過「七梅」，如《酩酊七怪圖》。伊丹酒，以及相距不遠的池田酒，由水路運到現今東京站相鄰的八丁堀，酒商們等在那裡。「下行酒」大受江戶人歡迎，但酒下行，錢上行，幕府擔心了，下令在關東造好酒，卻到底不行，原因是米磨得不夠精。

一杯清酒下肚，百分之八十以上是水。水固然重要，可它再好也不是酒，造酒第一要素是米。清酒的原料不是五糧，只用稻米。紹興酒用糯米，古有朱元璋禁酒，不許種糯，以塞造酒之源。清酒用粳米。造酒從精米開始，也就是磨米。米粒的表層富含蛋白質和脂肪，使酒有雜味，去之而後快。去除得越多，酒味越醇，以致江戶時代有一個說法：提高酒質全在於把米磨白。評價清酒的一大標準是米粒的精磨程度。米粒至少磨掉百分之四十是「吟釀」，再繼續磨，磨得幾乎只剩下白白的米芯，也就是澱粉部分，釀出的酒叫作「大吟釀」。安倍請奧巴馬吃壽司，喝的是廣島名酒「大吟釀賀茂鶴」。「獺祭」更誇張，把一粒米磨七天，磨掉百分之七十七，所剩無幾，稱之為「二割三分」，酒味醇之又醇，走向了世界。造酒充分表現了日本民族的特點：精細與浪費。我特別喜歡這個「吟」字，日本人拿我們中國人吟詩的功夫來釀酒，在細節裡尋找上帝。聽說紹興酒幾乎不精米，自有中國人的大氣，所以紹興酒濃醇，香味複雜得說不清。清酒香味很單純，美其名曰淡麗，我們卻覺得寡淡如君子之交。

日本改良出三十多種適於造酒的水稻，最受捧的是上世紀二、三十年代兵庫縣培植的「山田錦」，粒大，蛋白質含量少，不容易磨碎。最早精米用杵搗，後來長年腳踏舂。江戶時代也到了中期，大阪灣北岸有一處叫「灘」的沿岸地帶率先用水車替代了人力，把米磨掉三成，留下七成釀酒，名為「灘之生一本」，質量更上乘，遂取代伊丹、池田，成為名酒產地。而且，距離江戶比伊丹近兩三天，也便於保質保量。鬧了一陣子尊王攘夷，日本就變成明治時代，造酒用上電動精米機，提高精磨度。那也只是米粒之間你蹭我我蹭你地磨掉一層皮，一九三〇年前後改進精米機，用金剛砂像砂紙一樣磨，精米更有了想像的空間。清酒自古用米和米麴釀造，但上世紀日本大搞戰爭，主食米極度匱乏，限制造酒，於是用添加酒精的手段來增產。要想喝傳統的清酒，那就得喝「純米」的。加不加酒精是清酒分類的標準之一，「吟釀」加酒精，不加是「純米吟釀」。

酒裡畢竟多是水，對於淡如水的酒，水尤為要命，所以釀好酒還有一個至關重要的條件，那就是水，而且水源不可能挪窩。一八四〇年前後「菊正宗」酒廠創始人在西宮和魚崎兩地造酒，總覺得西宮的酒好，探究的結果在於水。從岸邊五米深的淺井湧出來的水適於造酒。據後世分析，造酒用水的最大有害成分是鐵，西宮的「宮水」含鐵少。它屬於硬水，釀出的酒是「辛口」，而軟水釀「甘口」。「辛」與「甘」是糖分所致，糖分多則口味甜，少則辣。這就是「日本酒度」，商標上用正負號表示，正數越大越「辛」，負數越大越「甘」。為有西宮水，大關、日本盛、澤之鶴、白鹿等酒廠集中灘之地，大量生產，供人們大量消費。二〇一四年全國新酒鑒評會從八百六十四種新釀清酒中評出金賞酒二百三十三種，所以你遇見金賞酒也不必驚喜。

喜多川畫上的酒是黃色的，正像陸游詩：酒似鵝兒破殼黃。清酒本來跟紹興酒一樣是黃色的。起碼上世紀日本被麥克阿瑟統治的時候酒還黃，有小說為證。池田大作在《人間革命》中寫道：

> 主人公戶田城聖帶員工來家吃鍋子，久違的牛肉香誘人。戶田喝了一盃，對妻子說：「換大杯！」杯中泛起了暖暖的金黃色，他透過杯中酒看着置辦這頓晚宴的奧村說：「這是好酒，從哪兒弄來的？」「不要管啦，絕密。」奧村笑嘻嘻，好像很得意，把筷子伸進鍋裡。「人都有很多才能，今晚奧村可立了大功。」

戰敗之初，日本窮得丁當響，但不白，從底色復興。黑市猖獗，酒淡得能養魚，叫作「金魚酒」。酒的金黃色是米的本色，這顏色生生被濾掉。過濾是技術活兒，因為用活性炭過濾，同時也吸走米香，酒就沒味了。風行把米磨到微乎其微，濾得無限地接近透明，其實是上世紀八〇年代以來的事，日本經濟狂得像啤酒泡沫。「無過濾酒」帶顏色，市場也有賣，別有香味。清酒放久了變黃，則屬於變質。為防止紫外線，清酒玻璃瓶多為茶色，還有綠色，倘若是透明的，有的會包上一層紙。

日本人慣吃生鮮，清酒也要喝新的。杜甫有詩：盤飧市遠無兼味，樽酒家貧只舊醅。可見，唐代喝新酒為好。日本考古學家林巳奈夫說：「日本人的飲食生活是隨稻作一起從中國傳來的。中國變化了，但日本在島國環境中保存下來。」有人來日本尋覓唐朝遺風，那就喝喝清酒吧。

這酒榨出後，「酒藏」（酒坊、酒廠）就在房檐下掛起一個球，用杉樹葉做的，叫「杉玉」，也叫「酒林」，只見它由綠變枯，酒就熟成了。紹興酒也是發酵酒，陳釀幾年，酒香的特色在於熟成。清酒講究生鮮香，頂多存一年，超過一年的「古酒」就不為一般人喜歡，所以不會有藏酒一說。據說近四十年，日本酒的市場縮小了三分之二。銷量逐年下降，原因諸多，如飲食西方化，清酒不相宜。又如喝葡萄酒、威士忌顯得洋（西洋）氣，大叔泡酒館才溫一壺清酒來。二〇一三年京都市率先通過「關於促進清酒普及的條例」，各地效法，提倡用日本酒乾杯，還有免費提供第一杯的。

溫酒喝基本是冷天。江戶時代後期的小說家曲亭馬琴說，從九月九日重陽節到三月三日上巳節，這期間喝溫酒不得病。過了三月三不溫了，那天叫「別火」。庶民喝的是濁酒，不宜溫。庶民喝溫酒已經是十九世紀初葉，喝得起清酒了，一年四季溫酒喝漸成風習。最愜意的方法是把酒壺浸在熱水裡慢慢熱，現在很少有這樣的酒館了。江戶時代各地諸侯在江戶設「駐京辦」，帶來家養武士有五十萬之眾，都是單身漢，繁榮了江戶的酒館和妓院，屐痕處處，這就是今天工薪族下班聚飲的源頭。

日本人對醉酒出醜的態度遠遠比中國人寬容。中國人勸酒乃至灌酒，若當真喝多了，又被說貪杯，甚而鄙夷。常聽說日本人喝酒時對上司也可以放肆，第二天上班做昨晚啥也沒發生狀。這大概是「無禮講」傳統，何止開懷暢飲，簡直是不分上下尊卑地胡鬧。一九三〇年代搞精神文明，負責其事的人寫了一本有關國民禮法的書，其中講喝酒：酒席上大家醉了亂鬧，自己一個人卻穩坐在那裡，反倒不合禮。人家痛快地喝，自己也該痛快地喝，人家胡鬧自己也該胡鬧。日本生活中頗有些給人破壞秩序、脱離日常的機會，譬如各種「祭」（廟會），鬧騰完了回歸日常，規規矩矩。不過，有人説日本漫畫充滿了暴力，年輕人看漫畫發泄了暴力情緒，在現實生活中就愛好和平，此話則近乎扯淡。

葡萄牙傳教士陸若漢精通日語，跟豐臣秀吉、德川家康打過交道，也曾從澳門赴明朝，他比較過中國人與日本人，説：盃的大小，中國人遠遠比日本人收斂。也許中國人為了邊聊邊喝，消磨時間喝到醉，盃非常小，多少盃加起來也不如日本那一大盃。此外，日本人用一個大盃輪流喝，而中國哪怕是家人也各置一盃，自己喝自己的，絕不用自己的盃讓他人喝。有人後入席，就拿出新盃，或者把他人用過的洗了之後讓人用。陸若漢講的是「巡盃」習慣，如今已絕跡，但我跟日本朋友喝酒，覺得他們仍然不像中國人那麼介意用別人的盃喝酒。陸若漢也寫到勸酒灌酒，那些辦法簡直像惡魔教給日本人的，令他驚訝。例如銜盃膝行到某人面前，某人哪怕生來幾乎不喝酒，礙於面子也只好接過盃喝。所謂日本人不勸酒，乃當今時代的景象，或許是為了顯示自由與民主。

諸葛亮的知人之道有七焉，其一是「醉之以酒而觀其性」。喝酒去——可我，總是先就把自己灌醉。

茶道之美

日本有許多「道」，如花道、劍道、武士道，最大的道似乎非茶道莫屬。古時候拿來茶，又不斷把其他從大陸拿來的東西往飲茶這件事上添加，茶室建築、庭院設計，鐵器、陶器、漆器、竹器的工藝，書畫的懸掛、花草的擺設以及佳果點心、菜餚的料理等，都為打造其道而日益精緻。日本文化幾乎就是藉茶道發展起來的。日本的生活從藝術來説茶道是基礎。陶藝家、美食家北大路魯山人説：茶道是「審美的綜合大學」。看茶道表演，覺得本該唱主角的茶，那種綠綠的粉末狀「抹茶」，反而不大被重視。

茶道，原先叫「茶湯」，自江戶時代初期叫開了「茶道」。《廣辭苑》解釋：

茶道是以茶湯修養精神、探究交際禮法之道。把生理上的渴飲搞成一種形式，去掉其遊藝成分（如今中國賣茶葉的店鋪搞一兩個美女表演，稱之為茶藝，確然只是藝），附加精神性，變革為修行，可謂飲茶三層次，即「知之者不如好之者，好之者不如樂之者」。遠看像表演，近看是修行。茶會，也就是招人喝茶的活動，主人是演員，客人也參與演出，好像能樂舞台上伴奏伴唱之眾。大概茶道這個詞過於形而上，現今茶人也多是用茶湯的說法，倒是我們中國人憑自己對漢字的想像遠遠比日本人更中意這道字，玄之，又玄。明治時代美術界領袖人物岡倉天心說，茶道是「喬裝打扮的道教」。當初立茶道，日本人用老莊做注腳，如今中國人說茶道只認它是日本的。日本人說過去的事情常用些近世以及近代的用語，而我們照搬過來，往往用中國現代乃至當代的意思來理解，自不免有誤。

茶者，南方之嘉木也。老早就有人從大陸之南渡海而來，喝茶這件事也隨之帶入日本是再自然不過的了。若以史料為證，那麼，和尚永忠留學我大唐三十餘年，時當撰寫《茶經》的陸羽去世第二年（八〇五）歸國，越明年，向嵯峨天皇獻茶。不過，從別處拿了來未必就落地生根，朝廷、寺院的飲茶之風沒大颳起來。

大陸折騰到宋朝，榮西時隔二十年再度去取經，一一九一年歸國。翌年源瀨朝受封征夷大將軍執掌天下，史稱鎌倉時代，從此天皇靠邊站，直至一九四九年戰敗，日本基本是武士即軍人掌權。榮西不單取回了真經，開創日本臨濟宗，還帶回來茶種，送給栂尾的高山寺栽種，又著有《吃茶養生記》。這回是武士全盤接過來禪與茶。他們殺出了激情歲月，正需要用一種文化洗掉戰袍的血腥，並藉以抗衡京都貴族所延續的王朝文化，將自身貴族化。

種茶由栂尾擴大到宇治，其他地方也跟着栽培，品種多起來。室町時代——自一三三八年足利尊氏被封為征夷大將軍，至一五七三年織田信長把十五代將軍足利義昭趕出京都，也學宋人玩起了辨別遊戲，再變為賭博的鬥茶。栂尾以及宇治所產為「本茶」，其他則屬於「非茶」。請人品茶，聚眾鬥茶，要佈置一下環境，掛上畫，擺上花，拾掇庭園，灑掃路徑，乃至炫富爭豪。畢竟茶的產量、品種都有限，不能像中國那樣下功夫品，以助談興，便掉轉眼光看器物。當時的名貴是來自中國的舶來品，叫「唐物」。對中國文化的敬畏之心古已有之，擁有了唐物似乎就擁有中國文化所具有的優越感。最被珍重的天目茶碗是福建建窯燒製的，留學的僧人從浙江天目山的佛寺裡拿回來，故名天目。

織田信長好茶，強取豪奪地收集唐物，並用來賞賜。師事過武野紹鷗的武將松永久秀謀反，織田讓交出「平蜘蛛」茶釜免罪，松永不獻，砸碎了茶釜同歸於盡。瀧川一益是織田信長麾下的四大天王之一，論功行賞，比起大片的封地，他更為沒得到織田的「小茄子」茶罐而喪氣。

飲茶漸成風，茶碗卻不夠用，於是把大陸日常吃飯的碗、喝水的碗乃至筆洗，雜七雜八都派上用場。據説千利休喜愛的雲鶴茶碗本來是朝鮮半島上用來喝湯藥的，德川將軍本家傳承的天下三茶罐之一「初花肩衝」居然是楊貴妃用來抹頭髮的香油壺。禪寺行「茶禮」，如法炮製中國寺廟儀式化的飲茶方式，再傳入民間，甚至先於滋味，講究的是形式。這也是因為形式更具有文化性，能顯出對文化的崇仰，藉以自尊。民間學權貴也湊到一塊兒喝茶，用不起唐物就順手拿日常器物代替。起初看似矯情，甚至有點變態，漸漸地見怪不怪，喝得美滋滋。扯上二尺紅頭繩，窮人自有窮人的做法和美法，説不定街上流行破牛仔褲就是從破衣爛衫中發現的襤褸美。

有個叫村田珠光的和尚，一四七四年前後在大德寺跟一休參禪，悟得佛法在茶湯中。「茶意即禪意，不知禪味則不知茶味」，「茶事，以禪道為宗之事也」，這茶喝起來就有了禪味，茶禪一味。珠光說：「茶湯出於禪宗，專事僧之行」，此道第一不好的是心的我慢、我執。村田珠光以及武野紹鷗、千利休一脈三人都曾在大德寺參禪，把禪的思想附會到茶湯裡自是順理成章。大德寺的鼻祖是跟南浦紹明參禪修行的宗峰妙超。南浦到宋朝留學，地在產茶的杭州，歸國帶回來茶台子、釜、風爐等一套茶具，還有七部關於茶的書，就藏在大德寺，自然也傳承中國茶禮。最表現禪意的是茶室裡懸掛的墨跡，禪者所書，據說始於珠光把一休當畢業證書贈與的宋禪僧圜悟克勤墨跡（國寶，藏東京國立博物館）裱褙掛上牆。與圖畫相比，從墨跡讀懂禪意也需要一點文學修養。到了千利休，甚至把掛軸舉為茶道的第一道具，而墨跡在掛軸中第一。「用禪者的墨跡，心底感受放下萬事不執着的言辭，使自己的心大為安閒」。

村田珠光從俗從眾，不再專注於唐物，偏向接待客人的精神，此即茶之道。開始用日本人製作的「和物」，唐物也選用粗糙簡陋的東西，從而混同了和漢之界。能夠從中國文化的殘次品裡發現日本美，也是因尊重唐物，靠唐物的古典美練就美的觀照力，得以在看似粗陋的日常器物中選出富有生命力的造型，形成一種新的審美。茶杓也不用銀的、象牙或水牛角的，用竹子做。搭個草庵請喝茶，稱作草庵茶，這就是「侘茶」。不過，「侘茶」這個詞是江戶時代才有的。千利休的高徒宗啟著《南方錄》強調精神論，所述千利休的觀點和喜好是後世茶道的基本，對「侘茶」觀念的形成有巨大的影響，被視為茶道的聖書，其實此書是江戶時代的偽作。珠光主張不完整美，雲間月勝過當空一輪月。蘇軾吟道，月有陰晴圓缺，此事古難全，說不上誰勝過誰，淡妝濃抹總相宜，自有一種豁達，我們覺得有禪意。把圓視為正常，缺則不正常，賞缺似乎是另一種禪意。

「侘茶」最後由千利休完成，並傳承後世。利休先後侍奉織田信長和豐臣秀吉兩大霸主，某日，朝顏（牽牛花）盛開，邀秀吉來家開茶會。一統天下的秀吉好大喜功，好茶也勝過戎馬倥傯的信長。興沖沖前來，孰料利休把庭院裡的朝顏統統拔掉了，只在茶室裡插了一朵。這就是「侘」之心造成的「侘」之美，或許也含有對擁有天下的嘲諷。秀吉驚歎之餘，恐怕也怒不可遏，因為他的審美標準是傳統的，讓利休給他打造黃金茶室，舉辦茶會盛大而輝煌，藉機炫耀權勢與富貴，與「侘茶」是鮮明的對立。樂茶碗有黑赤兩種，利休喜好黑，而豐臣喜好赤，討厭黑黑的。茶室與世隔絕，但利休其人不甘閒寂，熱衷於政治，卻又不失獨立而頑固的匠人之心，作為秀吉豢養的茶頭，敢於在審美上與主子對立，終於惹來殺身之禍。說來日本人賞櫻花的雲蒸霞蔚，卻是與「侘」正相反，所以也不要用一種審美把日本人看死。

繼承村田珠光的武野紹鷗是商人，創作了狹小的茶室，將草庵茶簡化並深化，更注重精神。這個精神就是「侘」，與豪華相反，簡素。不消說，這本來是禪的作風，而且歐陽修也曾就繪畫藝術提出「蕭條淡泊」之說。紹鷗主張「侘」基於心的本性，不是裝。「侘」不是從碗上看出來，不是從湯裡喝出來，而是心裡有「侘」，則無處不「侘」。千利休跟紹鷗學茶，並尊崇村田珠光，奉他為茶道鼻祖。跟千利休學茶二十年的豪商山上宗二於一五八八年記錄：唐碗被棄之不顧，當世用起了高麗碗、今燒碗。

脫離唐物，刻意去中國化，也不免鬧出笑話。大阪灣有一個地方叫堺，與明朝貿易而繁榮，是千利休的家鄉。那裡立着納屋助左衛門的銅像，城山三郎的長篇小說《黃金日日》就寫他。他是貿易商，一五九四年從呂宋（今菲律賓）「爆買」五十個呂宋壺，獻給豐臣秀吉。千利休幫着兜售，諸侯爭購。助左衛門出了名，被坊間冠以呂宋二字。可是，國際倒爺不只他一人，很快就事發，所謂呂宋壺，原來是當地的夜壺。大禍臨頭，助左衛門把家產都捐給大安寺，外逃柬埔寨。傳聞大安寺藏有這種呂宋壺，乃鎮寺之寶。

點茶不是沏茶、泡茶，而是用茶勺把抹茶從茶罐舀進茶碗裡，沃以熱水（湯），再用茶筅像刷鍋一樣轉圈攪。滿滿點這麼一碗，大家輪流啜，叫「吸茶」。與近乎完美的天目碗相比，朝鮮半島燒製的高麗碗是老百姓日常用來吃飯的，造型不均衡，釉彩濃淡不勻，但個頭兒大，大概很適合「吸茶」。

宋元陶瓷器已達到高不可攀的地步，學我者死，最好的辦法就是打破大陸的審美秩序，不跟着一條道上跑到黑，另闢蹊徑。這幾乎是日本人把中國文化變成日本文化的基本路數。使用日本造，遠不如天目碗細膩光滑，可它沉甸甸，拿在手裡更有感覺。而且中國人使用桌椅，對於在榻榻米上起居的日本人來說，天目或青瓷的唐碗底足有點矮。千利休親自設計，指導陶工長次郎用秀吉建造聚樂第掘出來的土燒陶，這就是樂燒，也叫樂茶碗（當時叫今燒），做出了地道的日本抹茶碗。北大路魯山人也是像千利休這樣動腦不動手的陶藝家。樂茶碗一般用手捏坯，當然不如轆轤轉出來的圓，歪歪扭扭，千利休說它美，大家也跟着說，越看越喜歡。如今中國人被西方當代藝術啟蒙，也喜歡上日本陶器，很多擺上土豪或小資客廳的器物在日本算不上一流貨色，說不定哪天也從中審出甚麼美。

唐代詩僧皎然有一首詩，不止於「三碗搜枯腸，唯有文字五千卷」（唐詩人盧仝），寫盡了茶道的精神性：「一飲滌昏寐，情思朗爽滿天地；再飲清我神，忽如飛雨灑輕塵；三飲便得道，何須苦心破煩惱」。不過，「孰知茶道全爾真，唯有丹丘得如此」，丹丘子是道家仙人，陸羽《茶經》也提到，就弄得神秘兮兮。岡倉天心寫過《茶書》，將茶道弘揚世界，他說：「茶道是一種崇拜日常生活的俗事中存在的美好東西的儀式」。

「侘茶」的審美被獨尊，但也有遠州茶那樣追求華麗的。重視心的茶和偏重技藝、器物的茶各有所成，後者發展了日本的工藝、飲食等眼見為實的美。

「侘」，不是貧，不是儉，而是一個標新立異的審美角度。豐臣秀吉征討小田原城，千利休隨軍，用竹子做了個花瓶，「侘」到了極致，但後來被當作名物（有來頭、有說道的器物，武野紹鷗「所持名物之茶具六十種」），也貴到極致。反對奢華，本應以「圓虛清靜的一心為器」，卻造成另一種奢華。簡素本身不簡素。如今茶道是一種生意，備置一套茶具就得好多錢，還要交學費。果真秉承千利休精神，身邊吃飯的傢伙不就可以搞茶道麼？人們對這種簡直像遭罪的傳統文化敬而遠之，除了愛好者，基本是女人當作嫁入好人家的修養苟延着。

千利休被迫切腹之前給大德寺和尚古溪宗陳寫了辭世之句：白日青天怒雷走。這就不大有禪味了。

三個字看懂和食

和食，即大和民族的飲食，這個叫法帶有傳統色彩，也側重文化內涵。那麼，和食有甚麼特點呢？仨字以蔽之：生、旨、旬。

生

日本好生冷。三世紀末成書的陳壽《三國志》記載「倭地溫暖，冬夏食生菜」，迤邐至今，起碼這麼吃喝兩千年。進餐館落座，先就端上來一杯涼水迎客，有的還加冰。盒飯叫「便當」，涼冰冰，甜絲絲，即便是盛夏，不少在日本討生活的中國人也不能像周作人當年那樣「不以為苦」。生冷可食，大概與水質潔淨有關。中國人善用火，加熱消毒，如今自來水也不能像日本那樣直接喝。不過，上世紀八十年代以來便利店裡備置微波爐，為顧客加熱食品，傳統也在變。

秋風起，思古人的鱸魚膾，不知吳中之地還吃得否。在日本酒館裡，鱸魚膾不足為奇，可以佐清酒。如果不能吃生的，首先是生魚片，和食幾乎就無從談起。佛教大約六世紀傳入日本。或許出於佛教的戒律，六七五年天武天皇頒佈歷史上第一道禁止肉食令，不許吃牛馬犬猿雞。平安時代（七九四至一一八五）的小說《源氏物語》沒有吃肉的描寫，但貴族日記裡記有生吃馬肉、鹿肉。到一八七一年明治政府明令解禁，天皇帶頭吃牛肉，日本長達一千二百年基本不吃肉。主要不吃四條腿的，以致生食以魚貝為主，包括鯨魚，因為它沒有腿。生性難改，現在也生吃馬肉、牛肉、雞肉。政府衛生部門勸告國民不要生吃野鹿野豬。鮃、鯖等魚類也帶有細菌、寄生蟲，生食並不是絕無危險。那還走向世界，則因為人們把生食當作回歸天然，天然即健康，況且體內本來深藏着原始的野性。

二千五百年前釋迦牟尼創立佛教，有不殺生戒，沒有不吃肉戒。最初禁肉食的是《大般涅槃經》，也限制蔥韭等。佛教傳到中國，因解釋不同而產生宗派。禪宗自給自足，創作出素食，日本叫「精進料理」。好像空海等遣唐和尚對飲食不大感興趣，自榮西赴南宋帶回茶以後，和尚們對日常生活也大為關心，取經之餘，順手或熱心地往回拿中國的物產、技術。中國和尚來日本傳經也送寶，烹調是其一。中國寺廟與民間近乎隔絕，而日本民間圍繞寺廟過日子，食物、方法和技術從寺廟傳出來，改變並改善民間的生活。

傳統的生食與外來的烹調這兩部分構成和食，前部分是「割」，後部分是「烹」。割是動刀，切了生着吃；烹是用火，煮烤蒸炸。而且以割為主，烹次之，即所謂「割主烹從」。做一桌和食，首先要考慮刺身，然後是煮和烤。對於日本人來說，最好的魚是能吃生的，其次烤，其次煮，然後則扔之。

還有一個說法：江戶割，京都烹。江戶離海近，東京灣捕獲的魚鱉蝦蟹叫「江戶前」，所以江戶人拿手的是割，切切生魚片。京都離海遠，擅長從中國傳來的用火技術，蒸或煮。京都是貴族之都，江戶是武士之都，而大阪是商都，商人精明，把兩者合起來就變成餐館常見的招牌「割烹」（切割烹調）。京都料理守不住傳統，越來越注重「刺身」（生魚片之類），火上功夫不如前。

生、煮、烤、炸、蒸，是和食烹飪最基本的五種方法，與陰陽五行搭配。有人誇日本，唐時不取太監，宋時不取纏足，再幫他加上一句：烹飪不取炒。炒是綜合，把火用到了極致，堪稱人類烹飪的最高技藝。和食不強調綜合，例如「散壽司」（米飯用的是醋、糖、鹽調製的「壽司飯」，如果用普通白米飯，就叫「海鮮丼」），把三五種刺身鋪蓋在飯上，並不攪和起來吃，其實跟壽司是一樣的吃法，只是店家沒給一個個握成嘎兒，扣上生魚片，也省得刷洗太多的碟碗。因為不大用火，用油也很少，不會有油煙四溢，所以廚房基本設計在住居的中間，與客廳相通，倘若中國人施展手藝，小小抽煙機哪裡抽得出去，滿屋乃至滿樓的中國味兒，只怕左鄰右舍要叫苦不迭。菜餚多生冷，除非餐桌上擺一個黑鐵爐或者紅泥小火爐，烤肉烤松蘑甚麼的，幾乎聞不到香味。

生食較為簡單，用清末黃遵憲的話來說，「喜食魚，聶而切之，便下箸矣」，卻也是頗為浪費的吃法，有暴殄天物之嫌。二十多年前魚市場上店家解魚，諾大的魚頭啪地丢進垃圾桶，可以要了拿回家，魚頭燉豆腐——日本豆腐很好吃。後來店家知道中國人料理起來居然能一魚三吃，就不再顯貴，學楊志賣刀，給魚頭標上價碼。似乎唯河豚吃法全面，只丟掉有毒部分。

茹毛飲血是動物生來與俱的存活本能，無須跟誰學，但學來中國文化，飲食便豐富了文化內涵。日本吃刺身幾乎還是用我們唐代的法子，如白居易所吟「魚鱠芥醬調」，所以遊日本，不妨吃吃生魚片，那就是大唐味道也說不定。

旨

德國心理學家漢斯．亨寧從三原色得到啟發，提出四原味：鹹、甜、酸、苦，所有的味道都是由這四種味組合而成。此外的澀味、辣味等不屬於味覺，澀味是口舌表面收縮的觸覺，辣味是疼痛的感覺。但日本人說，還有一味，叫「旨味（umami）」。這是他們很古就在食物中發現的，津津有味，它不是其他原味的合成，與甜鹹酸苦並立。

魚生與湯是和食的重頭戲。學廚藝先要學習做「出汁」（略為「出」）。這個詞最初出現在一二九五年以後成書的《廚事類記》裡，煮出汁，熬成湯，相當於我們說的吊湯，吊出來的是高湯。正規和食店講究做出汁，用來給各種菜調味，我們叫提鮮。一二二三年道元渡海到南宋取經，遇見一個廣利寺的燒飯僧，來港口買日本船販來的「倭椹」（日本產的乾香菇），說是做「麵汁」。此事記在他撰寫的《典座教訓》裡，好像就是他第一個學來了中國的吊湯技術。

就地取材，中國的高湯多是用雞肉甚麼的，但日本不吃肉，做法又取自中國的禪林素菜，以至有人說「精進料理」是日本人味覺的原點，所以用海帶、乾鰹魚、香菇等熬汁也自然而然。在日本吃涮肉，令我們驚奇一鍋清水，放一塊海帶煮一煮，就算是鍋底。海帶是俗稱，本來叫昆布。古時候居住在北海道的阿依努人和大陸貿易，聽他們說 kompu，大陸人就用漢字寫作昆布，大約奈良時代（七一〇至七八四）這個詞傳入日本，而今我們反倒當作了日語。出汁的味道很不錯，孔夫子嘗到也要說一聲「旨矣」。

這種旨味到底是甚麼呢？一百一十年前的一九〇八年，池田菊苗教授覺得吃鍋子用海帶煮湯，別有味道，終於從海帶中提取出穀氨酸，原來旨味就是這種「味之素」給人的感覺。接着一九一三年池田的弟子小玉新太郎從蒸焙霉曬而成的「鰹節」（乾鰹魚）裡發現肌苷酸，一九六〇年國中明從香菇中發現鳥苷酸，被稱作三大旨味成分。文化人類學家石毛直道說：日本料理缺少油脂，依賴氨基酸。歐美一直不承認天下有甚麼旨味，認為那不過是甜鹹酸苦的合成味道。二〇〇一年以後科學家相繼在味蕾的感覺細胞上發現穀氨酸接受體，旨味終於被認知，列為第五種原味。

日本地分東西，兩地的文化頗有差異。關東做出汁主要用乾鰹魚，關西用昆布。這兩種出汁具有相乘效果，混起來旨味更濃厚。以前乾鰹魚、香菇是貴重物，一般人家用乾鰯魚等煮汁熬湯。

日語的旨味有兩個意思，一個是味覺的名稱，這是科學的定義，再是很好吃的滋味，乃日常生活的感受。前者用假名，不寫「旨」這個漢字。和食被當作文化遺產後，日本更宣揚「旨味」為日本所獨有，但實際上世界各地的飲食都不乏其味，我們自古稱之為鮮味。鹹味和旨味基本不影響食材本身的味道。旨味不是「顯」味，需要加鹽才能顯出它的味道來，這就是我們說的提味，以致旨味常常被誤會是加鹽的結果。

日本人大愛豬骨湯拉麵，油乎乎，它的旨味完全用豬或雞之類的骨肉熬製，不屬於傳統的出汁。

旬

日本人強調和食的基本精神是「尊重自然」。他們說：物產取決於氣候風土，菜餚取決於物產。也就是我們中國人說的：靠山吃山、靠水吃水。日本有敬畏山水草木的原始信仰，萬物有神，而我們似乎少了些與萬物平等的觀念，人是高高在上的，常覺得甚麼東西裡都有鬼。

日本狹長，南北長三千五百公里，大部分屬於溫帶的濕潤季風氣候，四季變化分明，甚麼食材當令很明顯。但週而復始，總是那幾樣東西，也不免令人感歎物產的貧乏。北京菜市場裡時常會出現叫不出名子的瓜果菜蔬。我們所謂旺季，日本稱作「旬」。十天為旬，不免有東西最好吃期間很短暫的意思，也就有搶先吃到嘴的得意。還記得當年下鄉在牡丹江邊，春暖江開，知道魚窩子的鄉親第一個捕回兩尺多長的鯉魚，鱗比銅錢大，他老爹美美地吃了，眼睛發亮，穿着褲腰齊胸口的棉褲從村頭走到村尾，不住地問人吃了嗎。江戶時代（一六〇三至一八六七）武士特別把初夏的鰹魚當回事。鰹魚早春出現在九州一帶，乘溫暖的黑潮北上，四、五月來到關東沿岸，就叫作「初鰹」。江戶人說櫻花流水鰹魚肥，高價買了來大快朵頤。其實，鰹魚回游，從秋到冬南下時才最為肥美。武士愛初鰹，可能更因為「鰹」的發音與「勝男」相彷彿，要討個吉利。況且還有一句老話說：吃時鮮多活七十五天。

日本從生活到文學都富有季節感。平安時代的《古今和歌集》把一些和歌按春夏秋冬編纂，以草木萌動和瓜果結實的春秋為多。俳句是定型的小詩，最主要的規則是「季語」。我們有韻書，作詩講究押韻，而俳句需要在表現季節上大動腦筋，所以有「歲時記」，匯集幾百幾千的季語，供人創作時參考。

我們的古詩裡也有句，例如「蔞蒿滿地蘆芽短，正是河豚欲上時」，「城中桃李愁風雨，春在溪頭薺菜花」。蔬菜有季魚有汛，中國人喜歡嘗鮮，吃個新鮮勁兒，但地大物博，東西南北的鮮難以統一。燕窩魚翅鮑魚之類無所謂季節，或許換一個角度來看，不囿於季節也有着人定勝天的一面。江戶時代以來日本把乾海參出口中國，他們自己吃剩下的腸子，曬乾火炙，是一大珍味。出汁用乾鰹魚、海帶、乾香菇等乾物，也沒有季節感。

報春似的嫩筍，夏天的茄子黃瓜，金秋的蘑菇和栗子，冬天的刺身，還要在菜餚上點綴楓葉，把稻穗爆出白花，和食極力用各種手法演出季節感。但隨着溫室種植、海產品養殖的發達，季節感越來越不好演了。有人把和食中的京都菜和法國菜、中國菜稱作世界三大菜。「京都料理」尤注重表現季節感。當然，單靠旬材豐盛不起來餐桌，還要用豆腐、乾物之類「時不知」的材料。再配以擺設、器具、甜點等，餐桌搞得像舞台一樣。但中看不中吃，就失去了吃的本義。

日本人喜歡把自己說得很獨特，但基本文化是從中國拿來的，比如「天麩羅」，叫法來自西班牙語，但油炸技術是中國的。說到過年喝屠蘇酒，往往不得不加上一句這個習俗從大陸傳來但如今中國已經沒有了云云。當今中國好像吃大閘蟹最應時，卻只能用饕餮來形容，不大有一葉知秋似的雅。

可愛的妖怪們

日本愛畫鬼。

前幾天看了河鍋曉齋展，就是想看看他畫的那些鬼，那些妖怪們。

曉齋，明治年間評論他：為人放縱，不拘禮節，使氣輕財，唯酒為命。據説三歲畫青蛙，七歲跟民間的浮世繪師歌川國芳學畫，十歲成為狩野派弟子，十九歲出徒。時當江戶時代末，獨領風騷四百年的御用畫家集團狩野派也日薄西山，當繪師難以營生，但曉齋不囿於樊籬，集各派手法於一身，以「狂齋」之名畫插圖，畫燈籠，畫浮世繪。一八七〇年，年將不惑，應邀參加在上野長酡亭舉行的書畫會，好酒喝了六、七升，揮毫作畫，諷刺新政府權貴，當場被捕。坐牢三個月，挨了五十鞭，出來後更名「曉齋」（與「狂齋」同音），就是把自己由「狂着呢」變為「曉得啦」，卻慘遭美術界排斥。他畫的那些諷刺畫叫「戲畫」，筆墨靈活，氣韻生動，民眾很喜愛，行家認為沒品味。自認狩野派畫工，世間當他畫浮世繪的。偏巧處於江戶繪畫與近代繪畫之間，作品裡混淆着聖與俗、貴與賤，掉進兩種價值觀的夾縫，幾乎被美術史忘到了腦後。本世紀以來伊藤若沖、曾我蕭白等十八世紀的畫家被重新評價，河鍋曉齋也以奇特的構思、諧趣的風格驚豔於世。

一八八一年參展四幅作品，其中《枯木寒鴉圖》獲獎，獎狀上寫道：摒棄平生戲畫風習，此作之妙技實堪盛讚。一隻烏鴉站在一根枯枝上，標價一百元，招人非難，他說：這不是一隻烏鴉的價錢，而是長年修煉之結晶的價錢。被人買了去，名聲大振，刻了一枚印：兩隻烏鴉和萬國飛三字。這次展出一屋子烏鴉，巡視一過，似不無一鴉不如一鴉之感。明治政府雇來奠定近代日本建築業基礎的英國建築家約西亞·肯德爾拜他為師，學習日本畫，並著有《河鍋曉齋》一書，記述了曉齋用傳統技法畫《龍頭觀音》的複雜與慎重，畫名果然飛到了歐洲。這次展示的一百八十來幅作品是一位英國畫商的蓄藏。

從戲畫到佛畫，曉齋的畫題極為廣泛，或者説蕪雜。大概他有求必應，懷遊戲之心即席揮毫，一個個妖怪躍然紙上，生趣盎然。曉齋的幽靈畫和地獄圖有畫得可怕的，但更多的是滑稽，例如日本鬼頭上長角，小鬼乘閻羅王外出行樂之機割下來賣錢。《地獄名妓與一休》畫的是傳説，叫「地獄」的名妓佔據畫面，衣着華麗，一具白骷髏彈弦，侏儒般的一休在它頭上舞之蹈之，像要逗名妓一笑，先就把觀眾逗樂。妖怪畫彷彿是曉齋惡作劇。

他重視寫生。傳説小時候去寫生氾濫的河流，撿回來一個梟首示眾不久的人頭，留着畫寫生，嚇壞了女傭。古人説：「犬馬人共知，旦暮見之，不易類，故難；鬼魅無形也，人皆未之見，故易也。」世上無妖怪，畫妖不難，畫得怪更易，但畫家用擬人的手法把它們畫活，簡直像《北齋漫畫》的人物，看着才可愛，恐怕就絕非易事。

五十九歲去世（一八三一至八八九）後刊行《曉齋百鬼畫談》。百鬼的「百」不是準數，以示鬼多也。大約十二世紀前半成書的《今昔物語集》等説話集裡已經有百鬼夜行的故事；魯迅的《中國小説史略》有云：「説話者，謂口説古今驚聽之事，蓋唐時亦已有之。」畫到長卷上，大鬼小鬼像西方反政府遊行，一路逶迤而快活，名為「百鬼夜行繪卷」。遺存頗多，以真珠庵所藏最古老，可能是室町時代（一三三八至一五七三）的製作。庵在京都，宗屬大德寺，奉一休為開祖，藏書畫甚豐，但遊人免進。器物歷百年而成精，加害於人，叫作「付喪神」，百鬼夜行繪卷的妖怪多數是它們。妖怪是活物，無生命的器物一旦成精也就活起來。《曉齋百鬼畫談》沿襲以往的百鬼夜行，又別開生面：先上場的是骷髏軍團，緊接着動物變化的妖怪們迎戰，後面不斷有各種付喪神趕來助戰。付喪神之說宣揚的是「草木非情，發心修行成佛」，或許不相信器物能修行，好些人把用過的什物如扇子、偶人，送到廟裡供養，付之一炬，以防它妖化。

畫動物成精作怪，首推《鳥獸人物戲畫》（甲卷），大約十二至十三世紀之間出自多人之手，現藏京都高山寺。畫上的兔、蛙、猴像人一樣嬉戲喧鬧，當然是成了精的妖怪。這個「戲畫」被視為漫畫的源頭，一部漫畫史就是畫妖怪濫觴。當今漫畫也愛畫妖怪，眼睛大得出奇的美少女造型不就近乎妖嗎？宮崎駿的動畫片大都是妖怪世界。中國漫畫為何趕不上日本？因為沒有了妖怪，人們喪失想像力。余生也晚，跟共和國一起成長，連草木魚蟲都不大認識，遑論妖怪。學日本漫畫必須從根兒上學，學來那份想像力。說來他們的想像力本是從中國拿來的，例如鳥山明創作的長篇漫畫《七龍珠》，主人公就叫孫悟空。我們改編《西遊記》遠不如日本，小說、影視劇、舞台劇、漫畫、動畫片、電子遊戲等七十二變，倒是把《七龍珠》譯本賣得不次於《西遊記》。怪力亂神，日本說是有八百萬，其實土生土長的並不多，多數來自中國，還有些來自印度。例如「姑獲鳥」，由於妖怪小說家京極夏彥的《姑獲鳥的夏天》我們也耳熟能詳了，它的出處卻是在中國，江戶時代才傳入日本，現而今還鄉很有點「海歸」派頭。最近好像出現妖怪熱，這妖霧來自日本的漫畫和小說，還有人歡呼孫大聖麼？說不定妖怪復興之日，即我們想像力恢復之時。

孫悟空自稱齊天大聖，卻是個妖猴，而且由無機質的石頭變來的。對於妖怪，人有兩種利用法：一是對社會有所不滿，否定或打擊卻無能為力，便找來妖怪代辦，它們相當於武俠小說的大俠；二是把妖怪分成好和壞兩夥，用好的打壞的，那就是「今日歡呼孫大聖，只緣妖霧又重來」。孫猴子被招安後一路上打殺同類，趕盡殺絕，反倒是菩薩神仙們慈悲為懷，把做盡壞事的妖怪收了去繼續豢養。畫妖怪也未必「不問蒼生」，常借之活靈活現世態與人心的原形。

人死後變鬼，動物修煉成精，都屬於妖怪。妖怪能變化，這是它的屬性之一。例如狐狸，日本最古的佛教説話集《日本靈異記》中有「娶狐為妻生子」的故事，狐狸善變的思想來自中國。變化是有條件的，那就是修煉，得道成仙。人死了變鬼容易，動物或器物成精則需要長年的修煉。創立日本民俗學的柳田國男曾研判妖怪與幽靈，後來某研究者設定：本來是人，死了以後具備人的屬性而出現的東西叫幽靈；人以外的東西，或者人，用不是人的形狀出現，這東西就叫妖怪。甚至説人有三種靈，死了之後不露形跡地活動叫「死靈」，活着時精靈出殼四下裡活動叫「生靈」，死了之後以現世的身形活動叫「幽靈」。《源氏物語》中的「六條御息所」守寡後和源氏搞姐弟戀，簡直是嫉妒的化身，用「生靈」加害源氏移情別戀的女人們，江戶時代把她當作妖怪，她也是漫畫「病嬌」形象的祖師奶奶。這些區分很專業，不是我想深入的，馬馬虎虎地統稱妖怪。人巴結神，祭神如神在，對妖怪避之惟恐不及。妖令人恐懼，怪令人好奇，人們對於妖怪的態度是又怕又愛，青少年喜歡鑽進遊樂場的「鬼屋」玩恐怖。把妖怪從可怕變為可笑有趣，妖怪文化變成娛樂文化，更加商品化，宮崎駿們的動漫大大地賺錢。

《曉齋百鬼畫談》開頭的場面是夜雨瀟瀟，鏡頭轉入室內，只見一燭高擎，黑衣人張大了嘴作勢，周圍的人或聽得入神，或驚恐欲逃，這是在講鬼故事。江戶年間「說話」變成講故事，叫「百物語怪談會」。入夜，人們湊到一處開故事會，點亮一百根燈芯，講一個故事熄滅一根燈芯，都熄滅了，鬼就趁黑暗出來了。這個開場也畫有一個人爬去拔燈芯，或許還負責在節骨眼上驚呼怪叫。怪談會起初是用來試武士的膽量。把這些嚇人的故事編成書，出版了不少「百物語怪談集」。畢竟都怕鬼，頂多講到九十九為止，不給鬼出來的機會。妖怪見不得陽光，所以要「夜行」。黑暗是妖怪存在並活躍的環境條件。現代城市的明亮使妖怪無藏身之處，與農村的妖怪相比，城市妖怪更帶有科幻性，可能相信UFO，不信狐狸精。文明與科學消滅不了妖怪，它們仍活在城市傳說與虛構作品中，供人娛樂想像力。城市妖怪現象似乎較少民俗性，更多是心理的。城市也自有暗處，譬如學校體育館、地下停車場、醫院停屍房。光天化日之下的妖怪，那就是變形金剛吧。安全但不安心，心裡就會有莫名的恐懼，東京女知事彷彿用這種心理把搬遷水產市場妖怪化。蔭翳雖然有幽玄之美，卻也帶了鬼氣，令人忐忑，恰如能劇的假面。《曉齋百鬼畫談》最後一幕是太陽出來了，妖怪們潰逃。真珠庵《百鬼夜行繪卷》結尾也是太陽壓頂，群怪逃散。

日本人喜愛妖怪。妖怪在宮澤賢治的筆下變成童話，在泉鏡花的筆下變成幻想文學，在一些作家的筆下甚而變成科幻。陋巷出身與身處知識人世界的乖離造成芥川龍之介人生觀的虛無，而江戶時代的怪談趣味在他筆下表現為神秘、怪異、超現實。村上春樹的小說裡不也是鬼影憧憧麼？當代日本人心目中的妖怪形象有過去遺留的，相當多則是從小看漫畫，被漫畫家水木茂畫在了心上。宮崎駿的妖怪基本是創新，富有人性，相比之下，水木茂繼承傳統，進而畫出了妖怪的「妖怪學」面目。

妖怪學是明治年間井上圓了首倡。這位「妖怪博士」到各地考察妖怪現象，撰著《妖怪學講義》，似乎不少人誤解，以為他大慈大悲，擁護並保護妖怪們，卻原來井上的本色是哲學家、教育家，說「諸學之基礎在哲學」，創立東洋大學的前身哲學館，在日本近代化進程中破除迷信，動用科學來橫掃一切牛鬼蛇神。和他並肩戰鬥的是近代醫學，否定並消滅幻覺、幻聽以及妄想所產生的妖怪。還有一位史學家江馬務，以服裝為中心研究風俗，也研究日本人心中的妖怪正體，著有《日本妖怪變化史》。豈止妖怪不存在，他認為議論其存不存在也是多餘。

井上圓了、江馬務的言說激發柳田國男也致力於妖怪研究。彷彿與井上妖怪學對抗，他不把妖怪當作迷信，不以消滅為前提，從民俗學的角度探究日常生活中相信的妖怪及其社會背景、妖怪信仰的傳承與演變、對精神生活及社會生活的影響等。柳田國男的妖怪研究集成《妖怪談義》一書，後世研究者基本沿着他的路子走，乃至可以説柳田國男真正是所謂妖怪學的起點。經濟大發展，上世紀八十年代以來人們像鄉愁一般對妖怪又發生興趣，逐漸形成妖怪熱。民俗學、社會學、民間文學、宗教學等研究領域都把它列為一個小課題。科學進步到今天，用破除迷信來反對妖怪似未免小題大做。好像「妖怪學」也被我們隨手拿了來，但實際上日本至今未形成這麼一門學問，正如日本有出版學會，卻並沒有作為學問的出版學。一九九五年以水木茂為首的圈子成立了一個「世界妖怪協會」，有搞博物學的荒俣宏，寫小說的京極夏彥，不過是同好之集罷了。

妖怪有兩類，一類是農村或城市的民間傳說，屬於活見鬼，一類是文學和藝術的創作，再可怕的妖怪也是美。《妖怪談義》裡面的「妖怪名彙」收集了各地流傳的妖怪名稱，並簡單說明。水木茂在《妖怪畫談》後記中寫道：「柳田國男他們的東西有魅力，非常有意思，但沒有形，所以我全都創作了。」水木茂充分利用民俗學資料的採集與研究，將其成果視覺化，有形有色，千奇百怪，但歸根結底是他的想像，畫出了他認為是妖怪的模樣。

二〇一四年水木茂出版《定本日本妖怪大全》，收錄八百九十五幅妖怪畫，圖文並茂，每圖都附有解說。從一九六六年算起，畫鬼五十年，用他的話來說，此書厚得可以當枕頭。這是一部妖怪圖鑒，「千」鬼夜行。江戶年間博物學勃興，在這個背景下興起給妖怪一個個畫像。當時各個畫派都大畫百鬼夜行圖，集大成的是浮世繪師鳥山石燕；青出於藍，喜多川歌麻呂是他的弟子。鳥山石燕畫妖怪，既有繪卷式，也有圖鑒式。如果說長幅的繪卷好似妖怪的集體合影，那麼，圖鑒式就是標準像。圖畫的解說是水木茂研究妖怪的心得。例如「恙蟲」，江馬務在《妖怪變化的沿革》中寫到「齊明天皇朝也曾出了叫『恙』的蟲子，刺殺人，這也是一種妖怪」。水木茂不僅把它畫將出來，而且指實了妖怪的出處，吸血，為害人畜。還寫道：請人來消滅了恙蟲，於是把平安無事叫「無恙」。明人陳繼儒的《眉公群碎錄》中記有類似的說法：「恙，毒蟲，能傷人，古人草居露宿，故晨早相見而勞，必曰無恙乎？」

「塗壁」類似我國的鬼打牆。這個名字出現在柳田國男的《妖怪談義》裡，江戶時代的繪卷把它畫得像獅又像犬，三隻眼。塗壁是水木茂的妖怪漫畫代表作《鬼太郎》中的人物（妖物？），一個有眼有手腳的方塊兒，妖術是推倒敵人壓碎，或者塗進身體裡。二次大戰時水木茂應徵入伍，在新不列顛島被敵機炸傷，醫生不用麻藥切掉他的左臂。他說到自己的體驗：在南方戰場上被偷襲，一個人在黑暗的森林裡摸索，走到一處就怎麼也走不過去了，好像前面有一堵牆——「塗壁似乎是在人驚慌失措時出現的妖怪」。水木茂的故鄉鳥取縣境港市把一條商店街命名為「水木茂路」，塑造了一百五十多個妖怪像，招徠遊客，其中有塗壁和滑瓢。滑瓢是禿頭，這種做出家狀的妖怪叫「入道」。

二〇一七年大學統考的歷史試題有一道關於「最近動畫片裡可愛的妖怪增多的背景」，例舉水木茂的兩種妖怪「新塗壁」和「新滑瓢」。看來妖怪已然是日本人的基本教養，雖不免匪夷所思，但知彼知己，以利友好，看來也需要翻一翻《妖怪大全》甚麼的。

武士的忠誠

那是一九三五年，甲午戰敗四十年後，周作人寫道：

普通講到日本人第一想到的是他的忠君愛國。日本自己固然如此說，如芳賀矢一的《國民性十論》的第一項便是這個，西洋人也大抵如此，小泉八雲的各種著書，法國詩人古修的《日本的印象》都是這樣說法。我以前很不以為然，覺得這是一時的習性，不能說是國民性。據漢學家內藤虎次郎說，日本古來無忠孝二語，至今還是借用漢語，有時「忠」訓讀作 **tada**，原義也只是「正」耳，因此可知這忠君之德亦是後起，至於現今被西洋人所豔稱的忠義那更是德川幕府以後的產物了。

先說下訓讀與音讀。日本從大陸拿來漢字，有兩種讀法：一種是連字帶音都拿來，模仿本家的讀法，即音讀；再是只拿來字，讀若相同或相似意思的日本語，即訓讀。例：山字訓讀為 yama，音讀為 san。漢語的發音因地或因時而有變，先後傳入日本，以致一字多音。若音讀分不清哪個字，例如山和三，不妨用訓讀來明確。中文則一音多字，譬如網上見一句詩「當年忠貞為國酬」，這酬字也有作愁或籌，莫衷一是。網上還流傳短文，全篇用字幾乎讀一個音，驚歎之餘，也不禁懷疑這正是漢語的短處。一般來說，某詞語只有音讀而沒有訓讀，是因為日本原沒有那事物，例如馬，只有音讀，起碼在陳壽寫《三國志》的年代，「其地無牛馬虎豹羊鵲」。周作人也舉過例子：「茶字本係音讀字，唯因日本原無此物，即無此訓」。

要說的是忠。周作人所言距今已有八十年，但說及日本人，我們還是不由得想到他們的忠。忠，確實「算不得一國的特性」，不過是政治的煽動與訓練，哪怕到了三忠於四無限的程度，也只是「一時的習性」，樹倒猢猻散。你方唱罷我登場，哪朝哪代當權者都威逼利誘民眾獻忠心，於是忠字連成串，就持續不斷似的了。西洋以及東洋所稱羨的日本人忠君以及忠義之德究竟起於何時呢？

唐納德．金是美國的日本文學研究家，寫過日本文學史等著作，名氣大大的。三年前日本東部發生大地震，他迅即以九十高齡入籍，永住日本，把西式姓名倒過來寫，用漢字諧音為「鬼怒鳴門」（兩處地名）。他說：

讀日本史，從源平時代到戰國時代有各種各樣的會戰，到底靠甚麼決出勝負呢？好像是背叛。要是在中國，那就是我方按孫子兵法進攻，方法巧妙，所以獲勝。可是在日本，好像最具決定性的瞬間差不多都是有叛徒，由於倒戈投敵，或勝或敗。壇浦之戰或者關原之戰不都是這樣嗎？對於日本人打仗的取勝方法、落敗態度，我難以理解。

我們也不禁跟着唐納德．金詫異：「如果日本完全沒有『忠義』的觀念，那就不大驚奇，可是在『忠義』被格外喧嚷的國家老是有叛變，不是很奇怪嗎？」

壇浦之戰和關原之戰是兩場世紀之戰，決定了歷史走向。套一句被說得俗不可耐的話，歷史是不能假設的，倘若假設，假設沒發生過這兩場戰爭，今日日本會甚麼樣呢？壇浦屬於山口縣下關（古稱赤馬關），是關門海峽最窄處，一橋飛架，橋邊立一塊石碑，上書「壇浦古戰場址」。當年李鴻章就是在這附近簽署馬關條約，割地賠款，讓日本立馬富國，得以強兵，打贏了下一場日俄戰爭。這是後話。

平安時代（八世紀末至十二世紀末，我大唐至南宋年間）末葉，貴族權勢式微。武士本來是貴族社會的雇傭兵，乘亂世興起，形成源氏和平氏兩大武裝集團。源義朝被平清盛擊敗，其子源賴朝年少，免於一死。平清盛逐漸掌控了朝政，嫁女給天皇生子，三歲就拿他逼宮繼位，是為安德天皇。此舉招致內亂，雌伏二十年的源賴朝乘機起兵，各地響應。平氏逃離京都，源賴朝的弟弟源義經領兵追殺，一一八五年三月二十四日兩軍在壇浦決戰。平氏曾壟斷與宋朝的貿易，水軍橫行瀨戶內海，而以東日本為據點的源氏幾乎沒有水軍，海上決戰處於劣勢。平家軍有八百艘船，源家軍只有三百艘，源義經策反與平氏聯姻的熊野水軍。決戰在即，熊野水軍二百艘船投奔源家軍。平家軍主力阿波水軍見戰局有利於源氏，三百艘船陣前倒戈。平家軍大亂，祖母見大勢已去，抱着八歲的安德天皇投海，找波濤底下的都城去了。平氏滅亡。或許接受了平氏貴族化的教訓，源賴朝遠離朝廷，在鐮倉開設幕府，執掌天下，一部日本史從此按幕府劃分時期。

源賴朝籠絡武士，有一個與眾不同的方法：跟着我，立下戰功就分給你土地。主君給家臣以恩惠、保護叫「御恩」。以往武士開墾了土地也要歸貴族所有，現在能屬於自己了，為御恩而跟從。家臣為主君服務、效忠叫「奉公」。御恩與奉公構成了主從關係，並作為封建制度的支柱貫穿於武士社會。史學家家永三郎主張，這是一種交換關係，主子施恩於僕從，僕從效力於主子。與歐洲封建制相比，主從之間對等性和雙務性很稀薄。奉公是義務，以上陣赴死為第一，平時則忠勤，如警衛、修建。論功行賞，先有奉公之功，才會有御恩之賞，兩者並不是平行。有「司馬史觀」之稱的歷史小說家司馬遼太郎這樣說：「說狗的忠不大好，但對於直接給它吃食的人，或者那家的主人，狗是效忠的，對外人就吠叫。這大體是鎌倉武士的忠的原型吧。變成了江戶武士以後，儒教的忠的內容就非常繁難了，但戰國時代很難找到忠的思想。」

一六〇〇年九月十五日，德川家康統帥的東軍與石田三成的西軍在關原（今岐阜縣西南端）進行了一場決戰，史稱「關原之戰」。司馬遼太郎常愛講一個故事：明治十八年日本設立德國式的總參謀部，邀請一位德國陸軍參謀訪日，領他遊覽關原古戰場。參謀大致聽了兩軍的佈陣，認為「石田一方勝」。日本人說：「不，石田一方敗了。」參謀官說：「那怎麼可能！從佈陣來看，石田一方是勝利的態勢，為甚麼敗了呢？」日本人說明了幕後活動。參謀官說：那就沒法子了。

織田信長、豐臣秀吉相繼喪命，輪到了德川家康爭霸天下。石田三成以家康無視秀吉託孤的六歲兒子秀賴為名，起兵膺懲，是為西軍。以江戶為據點的德川軍為東軍。秀吉的舊臣並不忠於他的遺訓，東西雙方先就展開了一場幕後拉攏戰。家康給一百零八個武將寫了信，約定施恩封地，有九十九個願意效忠。三成也寫信，卻只能曉以奉公的大義，不能替秀賴誘以御恩。家康要攻陷三成據守的大垣城並非易事，這時西軍的小早川秀秋派來了使者。秀秋是秀吉的養子，秀吉有了兒子秀賴冷落了他。家康拒而不見。秀秋第三次遣使，家康允諾事成之後封給他兩國領地。翌日決戰，但家康之子秀忠率領的主力遲遲不到，家康手下只有些反三成的烏合之眾，不足以信賴。幸而身為西軍統帥的毛利輝元遣使密告：雖不能反戈，但也不在陣前為敵，於是相約戰後不改變毛利家領地。家康只能賭一把，率七萬大軍與三成在關原對陣，三成的八萬大軍中毛利的三萬兵馬駐足不動，小早川也只是觀望。戰局陷入膠着狀態，德川下令向小早川陣地開火，小早川這才定下心臨陣倒戈，率萬餘軍隊從側面攻打西軍。西軍大敗。關原之戰在世界歷史上也算是一場大戰役，但上午西軍勝，下午東軍勝，作為戰役沒甚麼看點，小早川秀秋搖擺於東西之間更像是一場活報劇。家康得勝後重新分封領地，建立德川政治體制，奠定德川幕府二百六十年的基業。

戰後小早川秀秋趕緊給自己的名字改為秀詮，「詮」讀若「秋」，換字不換音，或許有換湯不換藥之意。傳說冷不防被他擊潰的武將大谷吉繼自刎之際，大罵小早川人面獸心，變厲鬼作祟三年。翌年小早川一命嗚呼，享年二十一。江戶年間繪師月岡芳年給小早川畫了一幅浮世繪，只見他驚回首，身後立着一厲鬼。小早川墓在岡山的瑞雲寺，一九七〇年出生的史學家磯田道史上小學的時候去看過，雜草叢生。岡山本來是受命於豐臣秀吉的贊襄政務顧命五大臣之一宇喜多秀家的領地，小早川反戈一擊有功，受封為城主，旅遊指南上說他在短短時間裡頗有政績，但那些淪為浪人的宇喜多家臣對他要恨之入骨吧。如今瑞雲寺煥然一新，新立石柱上鐫刻着「岡山城主小早川秀秋公菩提寺」。難怪司馬遼太郎說：「會戰最激烈的階段必出叛徒，那些叛徒會千秋萬代被當作叛徒譴責嗎？不會的。」

江戶時代諸侯國叫藩，藩的武士叫藩士。藩士是藩主的家臣，依附於藩主，被束縛在藩的領地之內，不能像孔夫子那樣周遊列國，到處找主子。若擅自離藩出走，脫離主從關係，將懲之以放逐，不僅沒收世襲的俸祿、房產等，而且傳檄各藩，列明罪狀，不得錄用或招募。對武士的刑罰，最重的是切腹，其次是這個放逐。江戶時代有一個平賀源內，高松藩的下級武士之子，二十六歲時告病，被許可脫藩，成為浪人；浪人不再隸屬於藩主，喪失庇護，變成喪家犬。平賀把戶主讓給妹夫，去江戶學本草學。所謂本草學，不限於藥學，進而發展為博物學。著有《物類品騭》，依據《本草綱目》《天工開物》等中國典籍，已帶有轉向西方博物學的跡象。學有所成，高松藩又召回他。幾年後再度走人，藩府對他處以放逐。哪藩都不用他，放浪一輩子，生活困苦，本草學上也終未大成。盛夏的一天吃烤鰻魚，防治苦夏，傳說就是他給店家出的推銷策略，市面上競相效法，流為習俗。這種放逐的懲罰令武士膽寒，不敢跳槽也無槽可跳，看上去就像盡忠於一個藩主。日本上班族大都啃一個公司，吊死在一棵樹上，或許根源即在此。

江戶時代還有個「參勤交待」制度，大大小小的藩主按期輪番到江戶伺候一年半載，由此確認並確立御恩與奉公的主從關係，集權於幕府。忠君不忠義，主子讓他殺人就殺人，更沒有捨身取義的觀念。江戶時代儒教在一定程度上把武士對主君（藩主）的個人性忠誠（忠君）轉換為對「天道」、「天命」之類思想性原理的忠誠（忠義），主從關係趨於非人格化，漸變為君臣的身份性、制度性服從關係。對於無德君主的「反叛」正當化，成為明治維新的一個導火索。

白河法皇（天皇讓位，削發為僧，叫法皇）嚴禁殺生，聽說平氏的家人加藤大夫成家無視禁令玩鷹，命有司處置。成家說：違背主人平忠盛的命令，就會被處以重罰。源氏、平氏所謂重罰是斬首。若違背敕命，不過是監禁、流放罷了。對主子絕對順從，這種主從關係超過了父子，孝也就不復存在。政治思想史學者丸山真男指出：武士的主從關係是「直接的、感覺的人格性相互關係」，是「私誼關係」。那完全是「以對主君的人格性忠誠為軸心的私黨性團結」，是對頂頭上司或主君的獻身或忠誠，不是被更上級、更高層次的統治關係直接包攝的，也就是不忠於天皇。司馬遼太郎的小說家言聽來大概更生動易懂，他說：「這很有意思。忠這東西只是在他直接領薪水的主子和僕從之間成立。例如，德川將軍家和薩摩的島津家之間建立了形式上的主從關係，但那個時代的一般人不認為德川家和島津家有主從關係，只認為島津家加入了德川系統。就像子公司，沒有對母公司的忠誠心，時代、時勢到了就推翻德川幕府。不過，對於薩摩的武士來說，對津島領主必須忠。那種忠也比較複雜，並沒有畫上畫的那樣的忠。」小團夥加入大團夥，小團夥的兄弟只是對小團夥的頭目忠誠，不忠誠於大團夥的頭目。比起天皇來，日本人更盡忠於給他發薪水的老闆。

幕末的志士們把忠誠的對象從藩主變為天皇，很是苦惱了一番。他們並不是簡單地把對藩主的忠誠切換為對天皇的忠誠，而是促使藩主轉向尊王，這就能忠孝兩全——忠於天皇，「孝」於藩主。為使忠誠心集中於天皇，必須否定人格性主從關係的觀念。一九〇〇年前後，現實中舊武士階級的生活態度、規範意識趨於衰亡，卻興起被美化的山寨版武士道熱，與隨着日中、日俄兩場戰爭而高漲的軍國熱合流。「忠君愛國」變成全民的武士道意識，這個君不再是藩主，而是天皇。忠君就是把封建時代武士對主君的人格性忠誠延長到天皇身上，而愛國，這是明治年間才產生的詞語，得到了近代市民的支持。武士的忠心基於直接的人際關係，近代的愛國之心基於統治關係，忠君與愛國實質上互相抵觸。一九四五年戰敗投降後，對天皇的忠誠幾乎大部分又退回到忠於藩主，這回的藩主是公司老闆了。

忠是順從的代名詞。不同於君臣，主從關係更具有私人性，雖然對主子的奉公也會轉化為對權力或體制的忠誠。這種私人性的主從關係迄今在日本也隨處可見，如傳統藝能、手工藝以及黑社會。倫理學家和辻哲郎認為武士社會的主從關係是對君主的獻身道德，克服利己主義，實現無我。不過，他所依據的資料全部是文學作品，把文學作品的描寫當作了現實的武士社會習慣，過度美化。正因為現實中淨是些裝作獻身的利己行為，無私之類的描寫才產生文學效果，打動人心。實際上，人們對於武士之忠的認識基本上得自歷史小說、武士小說以及影視劇，大半是想像的幻影。不僅日本人自己大加美化，我們的影視也幫着美化，日本人何曾那麼忠，動不動拿刀切肚皮來着？全國上下齊刷刷轉向，向美國大兵投降，歡迎被佔領，真的是聽從昭和天皇的一紙廣播嗎？只怕是人們早就厭戰，心裡早已不忠了吧。

滿紙血光畫戰爭

說到浮世繪，我們也眼熟能詳，如葛飾北齋畫的富士山，東洲寫樂畫的歌舞伎伶人，喜多川歌麻呂畫的美女。這些浮世繪版畫用多色套印，絢麗如錦，就叫作錦繪。不過，視之為藝術，其實是現代的感覺。從江戶時代初期到明治時代中期發生、發展以至衰敗的浮世繪從來不屬於美術，或者說大部分作品算不上藝術品。

製作浮世繪，板元（書鋪、出版社）統籌其事，目的是營利，並沒有美術意識。繪師不是畫家，葛飾北齋也好，喜多川歌麻呂也好，都不過是城裡手藝人。他們獨立卻不自由，不能想畫甚麼就畫甚麼，而是由板元出題，作畫拿錢。以繪師為主，雕師、刷師協同作戰。繪師畫底稿，雕師雕刻主板和色板，然後刷師在繪師確認、調整顏色之下進行印刷。浮世繪立足於平民大眾的審美情趣，大量印刷，賣給他們娛樂，始終是一種亞文化商品。不是為雕版印製而畫的作品，日語叫作「肉筆畫」，這種手繪往往為美術史家看重。浮世繪類似後世的招貼畫，但招而不貼，不像我們的年畫那樣貼到牆上裝飾新年。

與年畫相比，最大的不同之處似在於浮世繪具有傳媒性。浮世繪大半是歌舞伎繪，之所以大畫伶人，原來相當於現代明星照。那時候沒有電影、電視甚麼的，最盛行的大眾娛樂是歌舞伎，在服飾等方面也領導新潮流。伶人不僅為票房做廣告，還代言商品。例如白粉「美豔仙女香」，仙女者，瀨川菊之丞的俳號也，他是男扮女裝的名優，把白粉「掛在國民的心中」（魯迅語）。美女圖多是青樓廣告，廣招天下客。北齋《富岳三十六景》從各地遙望富士山，乃旅遊指南，這類畫不叫「風景圖」，叫作「名所（名勝）繪」。每當盛夏，城裡到處辦廟會，街頭也常見乘涼舞會，有人派發紙團扇，隨手接過來扇涼，時而看看上面的畫，畫的是商品廣告或公司宣傳，過去浮世繪就叫它「團扇繪」。

作為具有平面藝術性的媒體，浮世繪還用來報道時事。將報道性和娛樂性合為一體，在日清戰爭（甲午戰爭）時發揮到極致。這種「戰爭繪」早就有了，不過，西南戰爭（一八七七年西鄉隆盛舉兵造反被明治政府鎮壓）的「時事繪」把報道畫成畫，以甲午戰爭為題材的浮世繪本身就是報道。一八九四年八月一日明治天皇發佈「對清國宣戰昭敕」，這個宣戰佈告不是給大清的，而是大日本帝國皇帝詔日忠實勇武的臣民，實際上日軍早在七月二十五日已擊沉清軍的高昇號運輸船。啟蒙日本人脱亞入歐的福澤諭吉興奮不已，給友人寫信：國民個個忘私報國之時，淡泊人事的老身這回也不能沉默，準備盡一份力量。各報社競相派記者從軍，總計一百一十四人，大肆報道戰爭的進展，舉國為之狂熱。甚至為報道日清戰爭創刊了幾種雜誌，而且雜誌手法發生劃時代的變化，不再是滿紙文字，也訴諸視覺表現。當時已經有寫真，四名「寫真師」從軍。有一幅《我軍牛莊城市街戰攝影之圖》描繪了架起照相機攝影的場景。博文館創刊《日清戰爭實記》，每期卷頭有幾頁寫真，至一八九七年一月停刊，共發行五十期。視覺效果主要還是靠浮世繪，「老幼婦女無別，一讀則恍如目睹實戰」的是《日清戰爭圖繪》。

這個圖繪（後改名為《征清圖繪》）是《風俗畫報》的臨時增刊，自一八九四年九月至一八九五年七月刊行十期。畫師們互相比拼，以從軍記者的報道為基礎，調動想像力創作。人們買來看，了解戰況。這些日清戰爭錦繪的「神畫」頌揚帝國軍人的英勇，作踐清軍，其「速報」的內容準確與否就是另一回事了。況且對畫的解讀簡直像詩無達詁一樣難以確切，甚而造成謠傳。《黃海之戰我松島之水兵臨死問敵艦之存否》描繪聯合艦隊的旗艦松島在大東溝海戰中被清軍定遠艦擊中，彈片飛散，水兵某渾身負傷，氣息奄奄問長官：定遠還沒沉嗎？聽說定遠不能作戰了，含笑而死。這個傳說的事跡被寫成軍歌《勇敢的水兵》。日清戰爭錦繪在網上多有公佈，如亞洲歷史資料中心與大英圖書館合作特別展「畫上的日清戰爭」。美國波士頓美術館收藏了不少，日本國立國會図書館近代數碼典藏還代為複印。

明治天皇的宣戰詔書有云：「朕於茲對清國宣戰，朕之百僚有司宜體朕意，努力於陸上，於海面，從事對清國交戰，以達國家之目的。苟不悖國際法，各應權能，盡一切手段，期以必無遺漏。」戰場上日本侵略軍根本不遵守國際法，殘殺俘虜，有畫為證。畫師們沒有上戰場，當然是根據記者的記述來畫的，但對比一下寫真，歌川小國政所畫《斬首暴行清兵圖》的血淋淋場面頗真實。中原中也有這樣的詩句：「有多少時代／有茶色的戰爭」。大概詩人從退色的寫真聯想，戰爭是茶色的，而浮世繪的色彩歷經兩甲子依然鮮豔。

日清戰爭以大清割地賠款而告終，十年後日本又找上俄國開戰，用於實時報道的浮世繪基本被寫真取代，據說日清戰爭的錦繪有三百種之多，而日俄戰爭僅三、四十。魯迅在仙台課堂上看的中國人圍觀砍頭是幻燈片，看得他棄醫從文。浮世繪的畫面大都有文字說明，增加信息量，這正是它的媒體特徵。砍清兵頭的字尤多，有悖國際法畢竟要找個藉口，大意是：世間已有公評，我軍正義慈仁不次於歐美各文明國，而且有過之。當然對這次的俘虜也極為優待，絕未嚴酷處理，但這些清兵腦子裡浸透了殘虐的國風，以為被捕就難免一死，對看守的警察動手，奪佩劍砍殺，所以怎麼寬仁大度，對此暴兵也不能不處以軍法。拉出三十八人在很多俘虜面前砍頭，以儆效尤。俘虜們感泣，心服我帝國軍隊的仁義慈愛。落款是甲午冬十月。

關於日本人的殘虐性，約翰．．道爾在《擁抱戰敗》一書中寫道：「一九四六年日本人像洪水一樣歸國，直到這時候，不僅對盟軍俘虜們，而且在中國，在東南亞，還有在菲律賓，皇軍幹下的那些駭人聽聞的殘虐行徑這才接連也傳入國內人們的耳朵裡。」作者列舉了殘虐行徑：「從與中國的全面戰爭開始不久發生的南京大屠殺，到太平洋戰爭末期在馬尼拉的暴行，皇軍士兵們留下了難以形容的殘酷與掠奪的痕跡。後來被知道，他們吃了戰友的肉。日本兵進行絕望的自殺突擊而戰死，在戰場餓死，殺害傷兵以免落入敵人手裡，在塞班、沖繩等地殺死非戰鬥人員的同胞。日本人束手無策地看着自己的城市被燃燒彈破壞，領導人趁機煽動『一億玉碎如何必要』。大東亞共榮圈最明確的遺產是死亡與破壞。」

像好些民族一樣，日本也自古喜歡把戰爭「物語化」、「繪卷化」，浮世繪衰敗，畫戰爭並不曾同歸於盡，反而因長年戰爭而繁榮，但完全由畫家擔當了，稱作「戰爭記錄畫」，簡稱「戰爭畫」。當年為戰爭而畫，當今也有人畫，例如現代美術家會田誠以太平洋戰爭為題材的系列作品《戰爭畫 RETURNS》。不消說，當代戰爭畫總是以和平的名義。

一九三七年發生盧溝橋事變，一年後六名油畫家被海軍省軍事普及部派往中國戰場，畫「事變記錄畫」，其中有藤田嗣治。與作家的筆桿子部隊並肩，軍方還要用美術在國民心裡樹立「聖戰」的形象。藤田一九一三年赴巴黎留學，一九三三年梳了個招牌的娃娃頭回國，一九五五年與日本訣別，生為日本人，死作法國鬼，他在日本幾乎就是個戰爭畫的畫家。評論家加藤周一說藤田不是畫戰爭，畫的是戰場，用高超的逼真畫出了戰場的悽慘之極，至於「從中得出關於戰爭的甚麼樣結論，就不是畫家的工作了」。看畫固然見仁見智，但最終要究問的是看沒看對、看沒看透畫家的意圖。《阿圖島玉碎》描畫了日軍佔領美國的小島，守備隊全軍覆沒的景象，確實畫出了慘烈，但感動全國的是「皇軍的神髓」。戰敗後，曾說過把「右臂獻給陛下」的藤田被日本美術協會指名為戰犯畫家，慨歎「用和一個為國而戰的士兵同樣的心境畫畫，為甚麼非被譴責不可呢？」

一九四五年十月大都會美術館計劃搞一個「征服日本」展，收集日本戰爭畫，最終未出展，堆放在東京都美術館。盟軍總司令麥克阿瑟遲疑不決，因為若作為賠償物資，戰勝國個個有份兒（澳大利亞、荷蘭曾要求分羹），而視為軍國主義宣傳品就應該銷毀。後來日本美術家聯盟辦畫展嫌這些畫礙事，請佔領軍當局處置，就乾脆當戰利品運去美國。十年後今非昔比，日本逐漸掀起了要求歸還戰爭畫運動，一九七〇年美國以「無限期貸與」的形式把一百五十三幅作品返還日本，收藏在東京國立近代美術館。就安倍總理大臣這個勁頭兒，怕是公然展覽也指日可待。題目叫甚麼呢？戰爭中的美術，或者，美術中的戰爭？

大河電視劇

「大河劇」是NHK綜合電視台的招牌節目，也是日本電視節目的招牌。博物學者荒俣宏在《NHK博物志》一書中寫道：大河劇不是《水戶黃門》那樣模式化的武士劇，而是電視上用自力破壞模式化的文藝作品，以連連打破電視界常識的形式發展。倘若把電視節目分為教養節目、娛樂節目、教育節目，有專家認為大河劇可算「電視式教養」的節目。

電視連續劇冠以「大河」二字，足見其長。通常是五十來集，每週日晚上播一集，四十五分鐘，從一月播到十二月。恐怕我們中國觀眾早就按耐不住了。凡事中國都做大做強，「大河」、「長江」般的連續劇自不少，但天天播，一天播兩三集，就變成飛流直下的瀑布，急急如律令。起初叫「大型武士劇」，所謂大型，是當時電視劇一般為三十分鐘。後來叫「大型歷史劇」。小說有歷史小說與武士小說（日文叫「時代小說」，類似我國的武俠小說）之分。歷史小說無限地接近歷史，而武士小說不大受歷史約束。電視劇也分為歷史劇和武士劇（日文叫作「時代劇」）。一九六四年第二部大河劇《赤穗浪人》播映，《讀賣新聞》予以報道，仿「大河小說」稱之為「大河電視劇」，一九七七年NHK紀念「大河劇十五年」也正式採用了這個叫法。大河劇有兩大特點：一是播映一年；二是歷史劇，描寫歷史人物的一生，也有虛構的，史無其人。

第一部大河劇是一九六三年的《花生涯》，連綿不斷，到今年（二〇一七）正在播映的《女城主直虎》，共播出五十六部。大河劇製作向來被譴責花錢如流水。因發生貪污製作費事件，不得不提高經費透明度，可知近十多年一集製作費大約六千多萬日元，五十集總額為三十億日元左右，大半用於佈景等美術方面，編劇費、演員費秘而不宣。

一九五三年二月日本開始放電視。當時大學畢業就職起薪是八千日元，一台十七寸電視機十五萬日元。輿論不看好電視，批評它淺薄，衝擊青少年讀書的良好風氣。社會評論家大宅壯一甚至抨擊電視把一億日本人變成白癡。電影業嘲笑電視是電氣拉洋片。敵視電視的五家電影廠一九五六年締結協定：不許電視台播放劇場用電影，專屬演員拍電視片須經廠方許可。電視台不得不從美國進口《超人》之類的電視劇，更大殺電影的威風，奪取觀眾。電影導演新藤兼人回憶：起初電影人沒有把這麼個方盒子放在眼裡，但它具有報道性、藝術性、速度，具有非常大的力量，一下子變成巨人。

一九六〇年代初電視技術還相當幼稚，NHK藝能局長長澤泰治一聲號令，拍電影拍不出來的大型電視劇，讓全國視聽者轉向我們。二〇〇八年長澤出版了回想錄《NHK與共七十年》。和意大利電視台合拍電視劇《兩座橋》的合川明、北條城等人回國，合川為製片人，北條編劇，大河劇計劃付諸實施。大概長澤局長心裡算計的是用電影的大牌演員，再加上電視的其他優勢，必勝過電影。然而有「五廠協定」擋道。合川明天天上門敦請佐田啟二，這位當紅的電影演員終於被說動，當然也包括酒吧美酒的打動，但也有個說法：佐田在拒絕期間認真研究了美國電視狀況，終於認定今後的娛樂之王是電視。他的參演使五廠協定變成了廢紙。女演員淡島千景等相繼出演。《花生涯》據舟橋聖一的歷史小說改編，描寫江戶時代末彥根藩主井伊直弼任大老輔佐江戶幕府將軍，反對攘夷論，主張開國，推行近代化，最終被浪人殺害。週日晚上八點四十五分開播，澡堂裡都沒人泡澡了。佐田啟二有個兒子叫中井貴一，貴一這名字是小津安二郎給起的，他媽常說他不如他爹漂亮。貴一在一九八八年大河劇《武田信玄》中扮演武田信玄，平均收視率迫近百分之四十。瞬間收視率為百分之四十九點二，僅次於一九六四年《赤穗浪人》殺進吉良上野介宅邸的場面（百分之五十三）。製作第三部《太閣記》，大河劇推出了自己擢拔的演員，造就電視明星。

大河劇多是用小說家的原作改編。最多是司馬遼太郎六部，而後是吉川英治四部，山岡莊八三部，海音寺潮五郎、大佛次郎、永井路子、宮尾登美子等兩部，陳舜臣、井上靖、池波正太郎、山崎豐子等一部。小說一般不開列參考資料，通說司馬遼太郎查閱史料極詳盡，可也有人懷疑他讀的是否真的是史料。問題常出在小說家言可以當小說讀，但言中可能有史觀，通過小說宣揚小說家本人的史觀，典型是司馬遼太郎，史家就不免要出來說話。專家像掘井，越掘越深，但一般人不要跟他下井，而小說家所作像湖泊，水不深，卻自有一片景色供讀者流連，對於讀者大眾來說，專家玩不過小說家。而且專家有領域，畫地為牢，通常不敢撈過界，研究唐的不寫宋。井澤元彥敢寫《逆說日本史》，因為他歸根結底是小說家。唐納德．金敢於一個人洋洋灑灑寫《日本文學的歷史》，因為他是外國人，不必守日本學界的規矩。作家可以在歷史上跑馬，縱橫馳騁，就因為他寫的是小說，是電視劇，乃娛樂耳。

一九七八年的《黃金日日》是先立選題，再約請開創經濟小說的小說家城山三郎撰寫原作。主人公呂宋助左衛門不是武士，而是一個從事海外貿易的商人，把呂宋壺等物產賣給一統天下的豐臣秀吉，大發其財。得知被當作寶貝的呂宋壺原來是當地的尿壺，秀吉大怒，助左衛門亡命海外。後得到柬埔寨國王的寵信，東山再起。這部大河劇超出了武士的框架，眼光轉向了庶民與經濟。

一九八〇年山田太一的《獅子時代》是編劇直接創作腳本之始。翌年由橋田壽賀子編創《女人太閤記》腳本，一炮而紅；一九八三年為NHK的另一個招牌節目「連續電視小說」寫《阿信》，一九八六年、一九八九年又相繼寫大河劇腳本《命》和《春日局》。二〇一〇年以來大河劇全部是編劇的原創。

大河劇提前一兩年公佈下一部以及再下一部的題材和演出陣容。二〇一八年是《西鄉隆盛》，由女作家林真理子寫小說，女編劇中園美保改編劇本。昭和年代也漸行漸遠，一九六四年東京奧運會已過去半個多世紀，二〇二〇年東京奧運會在即，大河劇應時應景，二〇一九年第六十八部叫《飛毛腿》，演義日本與奧運會的關係史。大河劇完全由 NHK 製作者掌控，一九七四年《勝海舟》本來是倉本聰改編子母澤寬的原作，跟製作者發生衝突被「降板」（炒魷魚）。好個倉本聰，直奔北海道，定居富良野，寫出了著名電視劇《來自北國》。

歷史劇是「劇」，不是史書，也不是歷史教科書。它戲說歷史，若沒有戲，就跟史書是一路貨色了。或許可說是過去和現在的對話，但大處也得儘可能符合歷史，不然就不該叫歷史劇。小說家大岡升平批評井上靖的歷史小說《蒼狼》是「借景小說」，借屍還魂，借歷史的衣冠來表現現代人的思想感情。大河劇就是「借景電視劇」。越是吸引人之處，往往越是妙筆生的花。創作應該使人物有深度，不能使歷史出笑話。讓《風林火山》的人物說「估計上杉來週攻擊」，觀眾就笑了，因為明治五年日本「廢太陰曆，頒行太陽曆」之後才有了「來週」的概念，此前當然也沒有週日之說。「全然」、「絕對」、「時間」、「運動」這些現在常用的詞語都是江戶時代沒有的。只要不出大格，細節可任由作家、編劇發揮想像力。史學家不識趣，跟歷史劇叫真，終歸像是對風車挑戰。

從一九六七年《三姊妹》起，大河劇聘請史學家做「歷史考證」。後來又增加「建築考證」、「風俗考證」、「服飾考證」以及方言、能樂、茶道、馬術之類的指導，大有還歷史以本來面目之勢。歷史考證不是要再現史書，而是護駕歷史劇正確地虛構，不歪曲歷史事實，不出現那個時代沒有的東西，例如某大河劇被指出江戶時代沒有那種貓。稻垣史生擔任過五部大河劇考證，一九七一年撰寫了一本《歷史考證事典》，一九八一年又出版《考證・斬電視歷史劇》，指出包括大河劇在內的歷史劇滿屏荒唐言，而擔任考證的史學家怕得罪電視台，特別是NHK，那就沒錢賺，所以不多嘴。不過，史學家有時也需要妥協。日本人嘲笑中國人纏足，其實他們也自有惡習，例如江戶時代女人出嫁後剃眉染齒，倘若照實演，美女一張嘴，黑洞洞像吃人鬼一樣，這戲也就沒法看。

歷史被視覺化、藝術化，史學不大在意的問題卻每每被注意，甚至被強調，例如井伊直弼在櫻田門外被十八個浪人殺害，製作者提問：當時門開着，還是關着。考證者無言以對。中國學人批評日本做學問總計較雞毛蒜皮，卻也無人關注過這樣的細節。據説，憑積累的學識能當場回答的問題頂多百分之二十，其餘都需要查資料才能準確地回答。一些小道具，小説可以避而不寫，電視劇的畫面上卻不能空空如也。史實有誤，即便學者指出了，最終還是由製作者決斷。

二〇一一年《江》慘遭非難，説它「毀了歷史劇」。江是武將淺井長政的女兒，三姊妹中的老三，母親是織田信長的妹妹市。第三次婚姻嫁給了德川幕府第二代將軍秀忠。其姊茶茶是豐臣秀吉的側室（或者正室），即淀君。江的人生夾在兩大勢力之間，真所謂「波瀾萬丈」，但似乎編劇為塑造一個能和織田信長、豐臣秀吉、德川家康三大霸主直接説上話的、在背後推動歷史的女性，有點不顧一切了，胡編亂造。編造秀忠為避免跟豐臣家開戰，給豐臣秀賴寫信，卻不擷取江在歷史上的人生高潮：疏遠長子家光，溺愛次子忠長，造成爭奪幕府第三代將軍的寶座，最後忠長死於非命，雖然全劇在和平裡收場。日本學美國也搞了一個爛片獎，第一屆就獎給《江》。二〇〇九年成立的「時代考證學會」曾舉辦「大河劇與時代考證」，探討一心忠實於史實的史學家和用虛構追求故事性的製作者雙方的平衡點。會長大石學認為：在形成國民的歷史意識上，大河劇比學校教育的影響還要大，而且有助於故事發生地振興經濟。

NHK 是公共事業，不能從事營利活動，但它有個相關公司 NHK ENTERPRISES 替它經營大河劇生意。大河劇二次利用，產銷周邊商品如體恤衫之類，均是由這個公司經手。大約從一九六九年《天與地》，出版看到了商機，每年大河劇相關的歷史人物和背景的書刊紛紛出版，書店裡平攤。不僅用圖片搶眼球，還詳細地介紹交通、景點等。自一九七八年《獨眼龍政宗》，地方政府出錢，NHK ENTERPRISES 操辦「大河劇展館」，為期一年，招徠旅遊。東日本大震災之後，二〇一三年《八重櫻》在福島縣會津若松市舉辦大河劇展館，參觀人數超過六十萬。據姬路市統計，二〇一四年《軍師官兵衛》大河劇展館，給該市所在的兵庫縣帶來二百四十多億日元的利益。二〇一六年《真田丸》在長野縣上田市的大河劇展館參觀人數過百萬，比預期目標翻了一番。大河劇有如此經濟效果，各地競相「申辦」，如滋賀縣的「明智光秀」，熊本縣的「加藤清正」，茨城縣的「水戶光國」，島根縣的「山中鹿助」，千葉縣的「伊能忠敬」、「戰國大名里見氏」、「長宗我部一族」，鹿兒島縣的「以鹿兒島為舞台的大河劇」。

歷史劇並非忠實地重現歷史，卻要求有真實性。對於作家或編劇來說很有點無奈，卻也是利用歷史、貼近現實的用武之地，一見高低。一九九九年日本實施《男女共同參與社會基本法》，建構男女尊重彼此的人權，充分發揮能力的社會。於是，作為女性第一個執掌大河劇製作的淺野加壽子一反以前描寫戰國時代女性們躲在男性背後一個勁兒忍耐的套路，要讓她們更強些，突出松，演夫婦故事，這就是二〇〇二年的《利家和松》。

一九七三年《竊國故事》的製片人曾說：要在電視劇中突出去年就任總理的田中角榮的年輕宰相的能量。傳聞昭和天皇很愛看這部大河劇，當然他本人從來不會把人名、書名等固有名詞說出口，因為對臣民要一視同仁。

二〇一三年四月二十五日內閣總理大臣安倍晉三卻發話：「我當了總理以

後，總是騰出週日的晚上看《八重櫻》，但吉田松陰的寫法很失敗，太糙了。還有久坂玄瑞也寫得有點太輕了。那可太小瞧長州了。」《八重櫻》描寫與長州藩敵對的會津藩士之女八重，戊辰戰爭之後和新島襄結婚，跟他在京都開辦私學同志社。吉田松陰遊歷東北時遇見少女八重和她哥哥（吉田著有《東北遊日記》）。一國的總理以個人之好惡對娛樂節目說三道四，意不在歷史或文化，與前總理大臣麻生太郎抱着一堆漫畫乘車異曲同工，無非拉選票。安倍本人生長在東京，繼承老爸的選區卻是在山口縣，那裡明治維新時代有長州藩，出了吉田松陰、久坂玄瑞等人物。安倍是第八位從長州起家的總理。二〇一五年大河劇《花燃》匆匆預告時題材與人物都未定，先行定下了場所——山口縣。該劇主人公是吉田松陰的幺妹文（後來叫美和），此外歷史人物有安倍總理公言尊敬的長州志士吉田松陰、高杉晉佐等。媒體批判《花燃》是「NHK 阿諛安倍政權」。NHK 會長籾井勝人就竹島問題、釣魚島問題説過這樣的話：「政府説『右』，我們不可能説『左』。」節目的內容「不能跟日本政府離得太遠」。可見，NHK 的中立、公正也不過是與誰比較而言罷了。

早在一九七五年電影評論家佐藤忠男批評大河劇是站在統治者一邊的說教，有云：「視聽者年年陷入被喋喋不休地說教志士、武將、將軍、軍師、地方官之類的武士階級精英們如何懷抱深深的苦惱與誠實正確地領導我們人民的窘境。」這裡的「人民」一詞日本幾乎不用了，代之以「國民」。日本人那種臥薪嘗膽、持之以恆的國民性最令人起敬，大概耐心看一年的大河劇也是國民性訓練。一九九〇年代以來大河劇人氣似趨於低落，但眼下仍然是「國民的節目」，因為別的好像也沒有甚麼可看的。

文學獎

對日本的作家和文學感興趣，就不能不了解一下文學獎。

一說文學獎，多數日本人立馬想到的是諾貝爾獎和芥川獎。報紙、雜誌等近代傳媒產生以後，大約和我大清打仗時，報刊上出現「懸賞小說」。後來又產生主辦者以自己規定的標準從已經發表的作品中選取作品和作家的形式，叫「文學賞金」。賞金的作用在於從精神和經濟兩方面援助文學活動。文壇大佬菊池寬主張「生活第一，藝術第二」，意思是生活安定才能創作文藝，努力把文學確立為一種職業，並且在一九三五年，紀念英年早逝的小說家直木三十五，還有幾年前自殺的芥川龍之介，採取「文學賞金」的形式，創辦芥川獎和直木獎。這就是日本出版社系統的文學獎之始。

時至今日，不少出版社都設有各種文學獎，有的公開徵集，有的從某種範圍內選拔。譬如出版社文藝春秋除了主辦芥川獎和直木獎，主要獎項還有公開徵集的松本清張獎、萬有讀物新人獎、文學界新人獎，非公開徵集的菊池寬獎、大宅壯一非虛構獎等。老牌文藝出版社新潮社看家的獎項有三島由紀夫獎、山本周五郎獎、小林秀雄獎、新潮紀實獎、新潮新人獎等，以及合辦的川端康成文學獎、新潮謎思底里大獎、日本醫療小說大獎等。龍頭老大出版社講談社獎項就更多了，如野間三獎：野間文藝獎、野間文藝新人獎、野間兒童文藝獎；吉川三獎：吉川英治文學獎、吉川英治文學新人獎、吉川英治文庫獎；此外有講談社非虛構獎、講談社隨筆獎、講談社科學出版獎、江戶川亂步獎、野間文藝翻譯獎等。幾乎可以說，文壇乃至文學史就是被出版社的這些獎項掌控着。

最值得注意的是，文學獎中多數是新人獎，這是日本出版社開發作家資源的基本手段，每年把百十來人送上文壇。想要當作家，基本靠得個獎出道。日本沒有甚麼協會能封誰為作家，算不算作家，水平高低，大致看得過哪個獎。一旦得了獎，便師出有名。如果得的是芥川獎，那就會被視為一流作家，說不定有大學請去當教授。

當作家的路當然不只這一條，另外有同仁雜誌、自費出版、網上投稿、自己找上門。同仁雜誌興始於明治時代，對近代文學的發展厥功至偉，例如文豪夏目漱石的處女作發表在同仁雜誌《杜鵑》上，大作家谷崎潤一郎的處女作《刺青》發表在同仁雜誌《新思潮》上。《文學界》本來是標榜藝術至上主義的同仁雜誌，難以為繼，轉手給出版社文藝春秋，以至於今。同仁雜誌曾經是文學青年踏入文學圈的主要門徑，但今夕何夕，人們愛說作文是孤獨的，人自為戰，很少搞文學結社，這條路早已荒蕪。

日本的報紙、雜誌和出版有一個特點，就是由編輯組稿，沒有投稿或者自來稿一說。漫畫通常是投稿，編輯一眼能看出好壞，取捨很方便，但小說自己抱了去遊說編輯，恐怕沒有人願意接過厚厚的稿子拜讀。凡事總有例外——泡沫經濟崩潰後，京極夏彥辦個小公司，蕭條無事，休日也沒有錢旅遊，於是寫小說，投給最大的出版社講談社，編輯說你等半年吧。這編輯也好事，隨手翻閱就放不下了，乃至懷疑是哪個大作家寄來搞惡作劇。兩天就接到編輯回話，京極也以為拿他開心。這是出版界的佳話，不容易複製。

講談社倒是有一個娛樂小說的雜誌叫《麼菲斯特》，每年出三期，自一九九九年設有「麼菲斯特獎」，不假他人之手，編輯親自讀應徵作品。「讀者的感動是獎金」，「只要有趣就出書」，每期獲獎作多寡不一，可說是變相的投稿。

自費出版就不說了。網絡上文學大門向所有人敞開，簡直就沒有門，更像是廣場。誰都可以上場大跳其舞，也有人越跳越像那麼回事，出版社乘機挑選跳得好的舞者。

起碼在當下，新人獎依舊是出版社招引、提拔、扶植新作家的高招。

新人獎，新的是作家，男女老少都可以爭當文學新人。也有個別獎項限定對象，例如新潮社二〇〇二年設立的「R-18文學獎」，僅限於女性，十五歲的「熟女」或者八十歲的「少女」均可應徵。每年一回，女編輯初選，兩位女作家決選。獎金三十萬日元，外加一個有測量脂肪功能的體重計。前十回徵集「女性寫的以性為主題的小說」，但社會日新月異，女性寫性已不足為奇，自十一回改為徵集

「發揮女性才有的感性的小說」。

芥川獎和直木獎起初都是新人獎。用菊池寬的話說，「扶助新作家出道」。兩獎從報紙、雜誌上發表的作品中擢拔，後來直木獎的評選對象變成單行本，長篇或者短篇集，獎勵已經有實力的作家。芥川獎不改初衷，仍然從雜誌選擇中、短篇——日文十萬字以內，譯成中文大約六、七萬字。所謂雜誌，二〇〇〇年以來幾乎就是這五種雜誌：文藝春秋的《文學界》、講談社的《群像》、新潮社的《新潮》、集英社的《昴》、河出書房新社的《文藝》。作為純文學雜誌，無一不虧本，但它們是出版社的招牌。各雜誌都設有新人獎。年深日久，各種獎形成序列，先獲得某雜誌的新人獎，再接再厲，進軍芥川獎，好似從小組賽進入決賽。

與芥川獎同樣等級的新人獎還有野間文藝新人獎、三島由紀夫獎。有四個人居然把三大新人獎都得了，都是女作家：笙野賴子、鹿島田真希、本谷有希子、村田沙耶香。她們還得過其他新人獎，翻來覆去當「新人」，這也是日本才會有的怪事。

一九七九年村上春樹獲得群像新人文學獎，然後兩度入圍芥川獎，皆不被看中，再後來他就成了世界大作家，讓芥川獎很是沒面子。也有人出頭強辯，說村上候選了兩次就寫長篇去了，自絕於芥川獎。三十年過後，村上在長篇小說《一Q八四》中寫了一個天才少女作家繪里子獲得新人獎，「簡直像沖繩飄小雪一般引人注目」，於是資深編輯小松認為，「這樣的話，得不得芥川獎算個屁」。

石原慎太郎的小說獲獎，其內容驚世駭俗，從此芥川獎在社會上備受關注。一般來說，可供媒體炒作的不是文學，而是其人其作的各種屬性，年齡、家庭、經歷等。例如成為話題的，西村賢太接到獲獎的消息時正打算去紅燈區，田中慎彌除了他媽，沒接觸過女人，吉直樹是搞笑的藝人。金原瞳二十歲出頭、綿矢梨沙未滿二十歲獲獎，一時間少女救文學、少女救出版之聲四起。評委村上龍冷冷道：報刊上說，由於兩位年輕女性獲獎，出版蕭條將好轉，然而現在的出版蕭條是結構性的，兩個作家登場不過是杯水車薪。

關於芥川獎，文藝評論家中村光夫說：「一篇一篇是邁向未知的一步，是新的冒險，這樣的東西是文學，文學在本質上是不可預想的。」對於評委來說，新，簡直是一種夢魘。文學獎大都以作品為本位追求文學的創新，但本來是用來發掘新作家的獎項，獲獎作品被當作那一年文學的最大收穫，乃至成為文學史的路標，也匪夷所思。歸根結底，出版社辦文學獎，本意並不在文學，目的是賣書。

村上春樹在《一Q八四》裡還寫了這樣的對話：

「要是得了芥川獎，那會怎麼樣？」天吾回過神來問。

「得了芥川獎就會出名。世上大部分人幾乎不明白小說的價值甚麼的，但不想被世上的潮流甩下，所以一有書得了獎成為話題就買來讀。作者還是個正上學的女高中生，那就更趨之若鶩。」

話裡話外對芥川獎乃至讀者都有點不屑，卻也道破文學獎的用處。打一個比方：鈔票有兩面，不管表面的人物多麼了不得，如果沒有背面，那就是假鈔，小說也如同鈔票，正面是寫作，背面是閱讀，寫和讀一體才成其為小說。村上春樹是日本最暢銷的作家，當有人攻擊他的表面時，他總是強調背面。不需要得獎，他的小說也有人讀。

聽説諾貝爾文學獎出了醜聞，今年不評了，有些人趁機搞了一個瓜菜代，把村上春樹也列為候選人。他趕緊宣佈謝了，不要。要了這個假諾獎，豈不就絕了他得真諾獎的路。

世界第一部長篇小說

關於日本，我們中國人有些有意思的觀察，譬如女作家好像特別多。確實，芥川獎是日本最具社會效應的文學獎，二〇〇八年以來二十三人獲獎，其中女性十三人，比男性多。

為甚麼多女作家呢？

原因在於日本文學的傳統本來是女性的。

這要從日本的文字說起。

日本沒有文字，從中國拿來了漢字。貴族、官僚學會它，用來辦公、作詩、寫文章。那麼，祖先傳下來的語言怎麼辦呢？他們便想到不要漢字的意思，只用漢字的發音，一字一音，記錄固有語言。這就是「萬葉假名」。假，是假借的意思，名就是字。好像小學生寫字工整，中學生、大學生把漢字越寫越草，再加以整理，簡化成符號，後來就叫它平假名。這大概是平安時代初期的事——七九四年桓武天皇遷都到平安京，也就是京都，到一一八五年源賴朝在鎌倉開設幕府，長達四百年，歷史上叫作平安時代。純粹用漢字表音的萬葉假名叫男手，面目全非的平假名叫女手。雖然未必是女性專用的文字體系，但這個叫法表明平假名主要是女性使用。平安時代盛行寫日記，男性用漢文寫，內容是公事，基本不記錄個人感情，可用作史料。女性也寫日記，用的是假名，都是寫自己的心情，更近乎文學作品。日本最早的假名日記叫《土佐日記》，作者紀貫之是男性，記錄自己從土佐卸任回京的行旅，卻冒充女性，說：「聽說男人寫日記，我雖是女人，也想寫個試試。」

除了平假名，和尚讀經文時標注讀法，又創造一套假名，就是片假名，好像漢字缺胳膊少腿，呆板不生動。平假名來自草書，寫起來連綿，具有曲線美，產生了連綿遊絲體的書法藝術，煞是好看。漢字是公用的文字，平假名的平是平凡、平易的意思，容易寫，掌握不了漢字的人使用它，具有與公相對的私的性質。假名的發達產生了和歌，男女用它談情説愛。用漢字從事理智的活動，假名抒發感情，形成了漢詩言志、和歌抒情的傳統，一直延續到明治時代，志士們寫漢詩表達維新的情懷。日本文學是男性的理念世界和女性的感情世界的一大綜合，所以日本文學在感情上常表現出女性的陰柔之美。平安時代中期女性們用平假名創作出自己的文學，最傑出的就是有世界第一部長篇小説之稱的《源氏物語》，和日本第一部隨筆《枕草子》。日本文學的源頭是女性開啟的，日本的文學古典是女性留下的。

二〇〇八年日本隆重地紀念《源氏物語》脱稿一千年，那麼今年是二〇一八年，它就誕生一千零十年了。據説已經被翻譯成三十三種語言。不過，江戶時代是日本歷史上漢文水平最高的時代，儒教影響也最強，雖然國文學家維護《源氏物語》，但書中寫皇宮裡偷情通姦，大逆不道，儒者們視之為淫書，予以否定。明治時代文學家也厭惡《源氏物語》，文豪森鷗外説「源氏是惡文」。昭和時代初期有人把《源氏物語》搬上舞台，已經預售了戲票，卻被警察叫停，理由是擾亂國體（國家體制）。

英國的東方學家阿瑟．戴維．韋利從一九二一年到一九三三年翻譯出版了《源氏物語》，認為它具有反一九世紀文學的現代主義文學要素。日本自然主義小說家、評論家正宗白鳥讀了英譯本深受感動，才知道日本還有這麼好的作品，撰文盛讚，震動全日本。一家出版社的社長請谷崎潤一郎把《源氏物語》翻譯成白話文。在谷崎之前已經有與謝野晶子的翻譯。一九四五年戰敗後皇家不再是禁區，《源氏物語》這才成為日本最不得了的古典文學。與時俱進，至今有十來個作家翻譯此書，多是女作家。補主語，省敬語，都努力把物語翻譯成現代小說。

《源氏物語》有五十四帖，也就是五十四回。第一帖是《桐壺》，很多人興沖沖地讀起來，但讀到第十二帖《須磨》就讀不下去了，以致日語裡有一個說法，叫「須磨而返」，意思是廢然而返。全書可以分成三部分，第一部分三十三帖，寫光源氏誕生，豔遇，失勢，享盡榮華富貴。第二部分到四十一帖，寫光源氏四十歲以後，意外地迎娶朱雀帝的公主女三宮，她卻和一個叫柏木的年輕人通姦，生下兒子薰，光源氏撫養他當天皇，為之苦惱。第三部分到五十四帖《夢浮橋》，光源氏已死，寫的是他兒孫，舞台從京都換到宇治。最後十帖也叫作「宇治十帖」。四十二帖《雲隱》，只有標題，沒有正文，大概日語的「四二」諧音「死」，一切都歸於白紙。

小說主人公光源氏是天皇桐壺帝的次子，被降為臣籍，不再當皇族，以免當一輩子備品。天皇家沒有姓，但變成臣下，被賜與源姓，所以叫源氏。光不是他的名字，而是綽號，形容貌美如光。書中有三位天皇登場，首先是光源氏的父親桐壺帝，後來朱雀帝繼位，他是光源氏同父異母的哥哥，再後來繼位的冷泉帝是桐壺帝的第十子，其實是光源氏和藤壺中宮的私生子。中宮是皇后，次之叫女御，再次叫更衣，朱雀帝的母親是女御，光源氏的母親是更衣。桐壺帝寵愛她，但遭人嫉恨，光源氏三歲時病故。藤壺比光源氏大五歲，長得像母親，光源氏暗戀。光源氏成人後被隔在簾外，不得見面。藤壺患病回娘家，光源氏乘機幽會，有了一夜情。光源氏十二歲時娶了比他大四歲的葵上為妻，她是朝廷上兩大勢力之一的左大臣之女，但光源氏最愛的是藤壺。不可能如願，於是和眾多的女人談情做愛，把她們當做藤壺的替代品。

葵上有位姨媽叫六條御息所。京城裡舉行葵祭（現今是京都三大祭之一，每年五月舉行，五百多人裝扮成平安時代的模樣，牽着牛車遊行），六條御息所和葵上因牛車的停車位打起來。光源氏謝罪，六條御息所不原諒，因為光源氏和自己偷情，卻又跟老婆生孩子。由於嫉妒恨，六條御息所活着作祟，把葵上折磨致死。光源氏遇見十來歲的紫上，原來是藤壺的侄女，怪不得長得那麼像，領回來調教。谷崎潤一郎的小說《癡人之愛》也是寫這樣的故事，卻調教出一個壞女人。

紫上死後光源氏也不想活了，把女人們的情書付之一炬。六條御息所早死，藤壺以及女三宮、朧月夜紛紛出家，那時候出家意味雖生猶死，剩下光源氏孑然苟活。這正如記述平安時代末期至鐮倉時代初期的歷史小說《平家物語》開篇所言：祈園精舍之鐘聲，有諸行無常之響；婆羅雙樹之花色，顯盛者必衰之理。甚至有研究者認為《源氏物語》是女人對男人的復仇故事。

《源氏物語》的作者叫紫式部，這不是本名。丈夫姓藤原，她應該叫藤原甚麼子。仿照中國姓氏的表記，藤原叫藤氏。《源氏物語》寫的是藤原道長執掌朝政的時代。道長生於九六六年，死於一〇二七年，即平安時代中期。他女兒彰子是一條天皇的皇后。紫式部是彰子宮中的女官，具備漢文教養，給皇后講唐朝詩人白居易的新樂府。按照當時的風習，用父兄的官職來稱呼，她父兄是式部丞，所以叫她藤式部。撰寫《源氏物語》，起初叫「紫物語」，一邊寫一邊傳閱，作者被叫成紫式部。彰子之前的皇后是定子，她是藤原道隆的女兒。道隆死後，藤原道長跟侄子爭權取勝。定子宮中的女官清少納言寫了《枕草子》。道長的三個女兒分別是一條天皇、三條天皇、後一條天皇的皇后。道長迫使三條天皇讓位給後一條天皇，自己就成了天皇的姥爺攝政。一時間三女威子是皇后，次女妍子是皇太后，長女彰子是太皇太后，千古奇觀。道長忙於政務，二十三年裡天天寫日記，被叫作《御堂關白記》，這是日本現存最古老的親筆日記，已列為世界記憶遺產。紫式部寫這麼長的小說，有一大困難，那就是當時很貴重的紙從哪裡來。她得到道長的援助，《源氏物語》是在藤原道長的支持下寫成的。

也有一些人認為《源氏物語》不可能是紫式部一個人寫的。理由之一，書中引用了八百種文獻，這在基本是寫本的平安時代一個人根本做不到。理由之二，書中使用了一萬四千種詞彙，其中近半數只用了一次，這也是個人做不到的。理由之三，全書共五十四帖，長短不齊，以現代版本來說，最長的《若菜》百餘頁，而《花散思》等只有三 四頁。理由之四，書中的人物多達五百零六人，很多都不了了之，好像被作者忘到了腦後。

遊戲三國志

三十年前東渡日本，參加出版業聚會，我是場內唯一的中國人，一位中年人特地走過來結識。原來他的公司叫「光榮」，把「三國志」製作成電子遊戲。我當然讀過《三國演義》，甚至也讀了些《三國志》，小人書（連環畫）更是小時候看了多少遍，還照着畫過戰馬戰將，卻不知電子遊戲為何物。不過，一年後回國探親，帶回來的「大件」就是電子遊戲機了，那時兒子正在讀小學五年級。

日本令我這「友邦人士」，莫名驚詫」，其一是驚詫三國在日本的盛行及其讀法。

中國四大古典小說之一《三國志通俗演義》我們通常就叫它《三國演義》，而日本略稱為《三國志》。中國說「三國」，日本說「三國志」，往往讓我們誤以為陳壽的史書《三國志》。中國有二十六史，對於日本來說，最重要的恐怕非這部《三國志》莫屬，因為陳壽在其中的《魏書．東夷傳》裡替倭人也就是後來的日本人記下了一段最古遠的歷史，「倭人在帶方東南大海之中，依山島為國邑，舊百餘國，漢時有朝見者，今使譯所通三十國」云云。《三國志》成書不晚於二七八年，而日本最初用文字記載自己的歷史是七一二年，叫《古事記》。七二〇年編撰的日本第一部編年體正史《日本書紀》曾引用陳壽《三國志》，七六〇年已有書籍把董卓認定為奸臣形象。日本人上溯歷史，大致說得清的，就是到三國時代，或許當作了本國的歷史才那麼喜愛「三國志」。

一六八九年至一六九二年，京都天龍寺僧人義轍、月堂兄弟以湖南文山的筆名用文言體日文譯成《通俗三國志》，刊行於世，先是在上層社會隨後在民眾間流傳開來。從此，無論兩國的關係友不友好，日本一直與中國共有這部古典文學作品。評論家桑原武夫說他反覆讀了二十多遍，這是讀其他書從未有過的。譯本有多種，如宮川尚志譯《三國志》（明德出版社一九七〇年出版），立間祥介譯《三國志演義》（據毛宗崗本，平凡社一九七二年出版），村上知行譯《全譯三國志》（據毛宗崗本，社會思想社一九八〇年出版），小川環樹、金田純一郎譯《全譯三國志》（以毛宗崗本為主，參照弘治本，岩波書店一九八二年出版），井波律子譯《完譯三國志演義》（築摩書房二〇〇二年出版），井波也與人合譯史書《三國志》。

不過，通常日本人所說三國志並非羅貫中的《三國志通俗演義》，更不是陳壽的《三國志》，而是指吉川英治的小說《三國志》。吉川「少年時熟讀久保天隨的演義三國志」（全稱是《新譯演義三國志》，至誠堂書店一九一二年出版），依據《通俗三國志》等譯本用現代感覺進行再創造，從一九三九至一九四三年連載於《中外商業新報》，後由講談社出版單行本。自序道：「並不做略譯或摘抄，而是把它寫成報紙連載小說。劉玄德、曹操、關羽、張飛等主要人物都加上我的解釋和獨創來寫。隨處可見的原本上所沒有的辭句、會話等也是我的點描。」吉川把中國的古典名著改寫成日本民眾喜聞樂見的大眾小說，從此他們讀三國志大抵是「這個國民文學」了。中國文學研究家立間祥介講過一則笑話：他翻譯了《三國志演義》，有讀者來信斥責他不忠實於原典，因為和吉川英治所譯完全不一樣。這位讀者很有點猛張飛，但由此可見，吉川的「翻譯」是和原典《三國志通俗演義》大不相同的。

某文學博士說：「三國志的世界是男人們的世界，但背後還有個女人的世界。」吉川《三國志》裡女人都跑到前台來。全書分桃園、群星、草莽、臣道、空明、赤壁、望蜀、圖南、出師、五丈原十卷，最後還有一卷《篇外餘錄》。他寫道：「孔明一死，呵筆的興致和氣力頓時都淡弱了，無可奈何。」何止他，幾乎所有日製三國志都是到「星落秋風五丈原」嘎然而止。起因是土井晚翠有一首詩，叫《星落秋風五丈原》，充滿了傷感，在明治時代大流行，構成日本人對諸葛亮的感情基調，彷彿把三國的歷史結束在五丈原。日本搞侵略戰爭的年代這首詩被唱成軍歌，「丞相病不起」也唱得鏗鏘有力，鼓吹為天皇盡忠。

吉川《三國志》以劉備為主人公，曹操也不取中國舞台的白臉形象，更為人性化。日本人讀三國志，最喜歡的情節是三顧茅廬，最感動的場面是五丈原。中國文學研究家中野美代子說「中國人喜歡張飛而日本人喜歡孔明」。她還說，「近於妖」（魯迅語）的孔明更符合日本人避免明確性、有點喜歡神秘氣氛的特質。江戶年間爭論諸葛亮有無王佐之才，無論說有說無，都大讚關羽和諸葛亮是至忠的烈臣。長久以來諸葛亮的「智絕」和「萬古雲霄一羽毛」的人品讓日本人感動不已，對忠孝觀念、道德涵養有極大的影響，在高中生的心目中他是第五位備受敬重的中國歷史人物。

我們只有一部三國，而日本以陳壽《三國志》或者羅貫中《三國演義》為底本改寫而成的三國志不一而足。除了吉川英治，還有一些現當代作家創作了各種各樣的三國志小說。例如柴田煉三郎的《英雄三國志》，他在慶應大學讀過中國文學，和吉川英治同樣以《三國演義》為底本，又增添了劍豪小說的色彩；陳舜臣的《秘本三國志》以五斗米道為中心大膽地改寫，他也寫過《諸葛孔明》《曹操》；北方謙三以史書《三國志》為原典，創作十三卷長篇小說《三國志》，分別用劉備、關羽、張飛、諸葛亮、曹操、曹丕、司馬懿、孫堅、孫策、孫權、周瑜等人物的第一人稱視點寫故事，也編造了一些人物，如張飛妻董香、諸葛亮妻陳倫、呂布妻瑤。和吉川英治一樣，北方也是寫到諸葛亮病故為止。三國志不斷地花樣翻新，但最為普及的是吉川英治《三國志》，今天仍然被人們愛讀。

日本人動用各種媒介，三國志讀法之多，從讀到看到玩，大概也堪稱世界之最。讀的是小說，看的是漫畫和影視劇，玩的是模擬遊戲。一九八三年NHK電視台播放偶人劇《三國志》，是根據立間祥介翻譯的《三國志演義》改編的，由偶人美術家川本喜八郎創作了二百來個偶人，據說諸葛亮的頭做了四次才滿意。一九九二年上映費時十年製作的電影動畫片《三國志》，共三部，編造了一個諸葛亮的女兒鳳姬。電子遊戲《三國志》上市，玩的人參與到三國志當中，但三國志戰鬥歷時二百年，人物超過三百多個，玩遊戲不易掌握，難以盡興，所以，尤其是大學生，很喜歡看漫畫三國志，不僅看起來津津有味，還可以收集遊戲攻略所需要的資料。橫山光輝是與手塚治蟲、石之森太郎並駕齊驅的漫畫家，他的《三國志》是漫畫三國志的先驅之作。以吉川《三國志》為底本，又加上他獨自的見解，故事演義到蜀國滅亡。人物造型打破中國傳統的形象，例如以肥胖出名的董卓被畫成瘦子，呂布滿臉鬍髭。自一九七二年至一九八七年連載十五年，獲得日本漫畫家協會獎。橫山光輝說過：「我的史傳作品說來是入門，《水滸傳》也好，《三國志》也好，但願能引發讀者的興趣，進而去讀小說或史書。」從一九九四年連載到二〇〇五年的漫畫《蒼天航路》以曹操的一生為主線描畫三國時代。六〇後漫畫家王欣太是大阪人，被約稿之前連曹操、劉備的名字都不知道，開始畫三國志起了這麼個筆名，是為了進入中國人角色。這部作品隨後改編為電視連續動畫片，並製作模擬遊戲。

率先製作三國志模擬遊戲的是光榮公司，自一九八五年以來持續三十多年，二〇一六年發行「百花繚亂的英傑劇」《三國志一三》，是日本最長壽的電子遊戲。在手機全盛的今天，三國志遊戲更大得人氣，簡直達到了飽和狀態。例如，遊戲被放置也繼續進行的《萌姬們的物語》、全世界下載三千萬次的戰略遊戲《三國天武》、據說全世界用戶多達二億以上的《你和我的三國志》、說大阪方言的《忒三國關西戰記》、二〇一七年發行的動腦類型《亂世演武》，等等。

世界文學史上恐怕再沒有任何一部作品像《三國演義》之於日本，被別國讀得如此長久、廣泛、深入，簡直讀成了奇跡。但畢竟不是自家的東西，也就不那麼敬畏，不乏胡編亂造，好似郭德剛說相聲，隨意拿日本耍笑。我們對自己的古典，甚至對別人的古典，往往視若神聖不可侵犯。讀自家的文學，讀者都像是當事人，而翻閱外國小說可能有置身事外的清醒一面。況且翻譯的語言往往帶有解說性，古典被現代化，譬如日本人評價諸葛亮就會用能力主義、活用人才之類的流行話語，以致改變了讀者的讀法。有人這樣說：三國志的最大魅力是謀士的活躍，在今天的日本企業裡許多經理所苦惱的就是缺少這樣的謀士。決定重大方針之際，徵求幹部們意見，得到的往往是評論家式的答覆，甚麼「我認為成功率約有百分之六十」之類，而三國志的謀士們積極地獻策、爭論、勸誘，掉腦袋也不悔，這正是今天日本所需要的。他們把三國志讀成人生訓、處世方、成功法、組織學、領導術、戰略論，千奇百怪，尤其被經營者奉為座右之書。當年覺得耳目一新，後來我們也學來了這種讀法。

起初模擬遊戲《三國志》時代背景和人物能力的設定以古典《三國演義》和吉川《三國志》為依據，後來逐漸地照準史書《三國志》。橫山光輝的漫畫三國志也是越畫越注重服飾、武器等的歷史考證，雖然是漫畫，是遊戲，娛樂之中也儘可能給人以正史乃至史實的知識。

正史未必徹頭徹尾是史實，《史記》的文學性即表明這一點。演義自古與正史並行，它更多地表達民間乃至民眾對歷史的見解和情感。演義與正史的區別無非在所含史實的多寡。歷史如故，「演義」方式則多變，隨時代的演進而演變。評書、小說、影視，現而今到了網絡時代，遊戲來演義歷史就當仁不讓了。不能指望遊戲去挖掘史實，那不是它的天賦與使命，它只是把歷史變得有趣，壯大着歷史愛好者的隊伍。即使引用古詩詞和戲詞，也只是增加知識含量，並非更走近正史。當史學家跟娛樂較真時，不是我們把歷史玩完了，而是史學家已變成呆雁，玩不動歷史。遊戲應該寓教，但沒有替代課堂的義務，不必當「東皇太一」。

中國的古典豐富了日本人的想像力，激發他們的創作力，從小說到漫畫、影視、遊戲。反而是我們本家背上了古典的包袱，以衛道者自居，不敢越雷池半步，有些人就像電視劇流行的狙擊手一樣，趴在見不得人的地方等着打出頭鳥。日本的漫畫、動畫片以及影視內裝了很多中國文化，特別是《三國演義》和《西遊記》兩部古典文學，這也是我們感到親切、易於接受的奧秘所在。他們的成功早已證明漫畫、遊戲等娛樂是引起別國民眾對日本的文化和歷史熱心與關注的最有效方式。把中國的歷史及文化更多地加以「現代化」，並使之走向世界，只能靠我們自己。最終，榮耀屬於王者。

砍掉三島好頭顱的刀

澀谷是旅遊東京的一個景點。走出山手線澀谷站就面臨路口，紅燈變綠，人們各取所向過馬路，擠擠插插，很可以體驗一哄而起的感覺。都沒有精準穿插的走隊形本事，不免要一路躲閃相向而行的人。這個路口也成為賣點，景象更加壯觀，交通也更加擁堵。每當我站在路邊等紅燈，總不禁直視對面的一塊招牌，字挺大，但是在聲喧與光耀之中並不算顯眼，叫「大盛堂書店」。書店向來是我路遇就排闥（也有自動門）而入的，唯這大盛堂，望之卻別有緣由——當年三島由紀夫讓人給砍下腦袋的日本刀就是這家店主贈他的。

店主叫船坂弘；本人用的是舩字，因生僻常被寫作船。他是櫪木縣農家的老三，一九四一年入伍，三八大蓋打得準，拼刺刀也有兩下子。兩年後部隊調到帕勞（帛琉）的安加爾島，他一人擊敗很多美國兵。大腿負傷，軍醫看了看傷口，給船坂一顆手榴彈自我了斷。他用太陽旗包紮了腿傷，一夜爬回陣地，居然第二天就能拖着腳走路。繼續戰鬥，繼續負重傷。打算用手榴彈自殺，拉了弦卻沒有響，於是把六顆手榴彈捆在身上，爬行三晝夜，摸到美軍營地，正要衝上去自爆，脖子挨了一槍倒地。三天後從停屍房裡活過來，美國兵驚歎「武士」。家裡已經被通知「玉碎」，一九四六年卻活着回來，看見佛龕上立着自己的牌位：大勇南海弘院殿鐵武居士。當時還偏離東京中心的澀谷被美軍炸得一塌糊塗，遍地搭起簡陋木板房，別有活下去的生氣。船坂在站前重新開張了岳父的小書店，某日，進來一個身穿學生制服的年輕人，叫公威，是常客平岡先生的兒子。

十六歲（一九四一年）的平岡公威創作了小說《繁花的森林》，被語文老師及其文學同仁讚為「悠久日本歷史的天才」。考慮乃父反對兒子搞文學，雜誌上刊登時老師們給他起了筆名：三島由紀夫。緣由是車過伊豆半島的三島，望見冠雪富士山，「由紀」諧音「雪」。讀東京帝國大學法學系，投給出版社幾篇小說，卻被以否定大家見長的文藝評論家中村光夫否定，大大打擊了本來因戰敗而頹喪的三島，覺得此生只有當官僚一途了。世上自有伯樂，「今後只有唱日本的悲傷、日本的美麗」的川端康成對三島頗加青眼，助他發表短篇小說《煙草》。三島不按文壇慣例稱之為先生，他認為川端是恩人，給了他機會，但並非跟他學習寫小說。這和他在酒筵上當面對太宰治說，我討厭你的文學，同出一轍，這轍即一意孤行。有人說三島其人扭曲複雜，我倒覺得他頗為單純，凡事一意孤行，用時髦的話說，那就是堅持。他的文學，他的肉體，他的死，全都是一意孤行的成果。二十四歲時創作長篇小說《假面的告白》，「這回把一向對虛擬人物做心理分析的利刃轉向自己，自己活活地解剖自己」，真正叫響了三島由紀夫的大名。

生來羸弱，也沒有魯迅所讚賞的玩具，三島對自己的肉體很自卑。日本被美國佔領，一般人不能出國的一九五一年他作為朝日新聞社特別通訊員周遊世界半年。在希臘遇見年輕人練出一身健美的肉體，難以置信，大發感慨：「我們不具有肉體文化的傳統，對體力的民族信仰潛藏着對甚麼超自然之物的信仰的影子。忠實於古代美術性基準的健美運動是日本文化傳統最欠缺的新移植。」不僅文學要突破日本的陰柔傳統，肉體也要有男子漢氣概。那時候健身在日本剛剛興起，三島知行合一，回國就去澀谷站附近的一家健美中心諮詢。因忙於寫作，請教練每週來家訓練他三回，不到半年的工夫煉出一身疙瘩肉。看他拍攝的裸影，一身黝黑，顏色跟希臘塑像不同，咬緊半邊牙的表情似乎也是佛教雕塑式。練過一陣子拳擊，三十四歲時按照教練的建議練起了劍道；所謂劍道，也就是劍術，身穿護具，雙手握竹刀，你來我往地打鬥。一八七六年明治政府發佈廢刀令，廢除武士的特權，禁止軍警以外各色人等帶刀。劍術變成了街頭賣藝，或者武館授徒，強調精神性，變「術」為「道」，恐怕宮本武藏穿越年代才知道劍道這叫法。三島四十三歲晉升為劍道五段，又主動軍訓，組建世界上最小的玩具軍隊「楯會」。相中法國戴高樂將軍的服裝，親自畫草圖，請曾經為戴高樂設計的五十嵐九十九設計，用自己的稿費製作一百套。

在武館裡遇見船坂弘，練劍道已有些年頭，和他結為劍友。船坂弘是戰鬥英雄。安加爾島決戰時中彈二十四處，三塊彈片留在身上。好像他沒有到處做報告，而是出版了十來本書，記述自己的事跡。稿費都用來在當年的戰場建立紀念碑，刻上「為可貴的和平基礎而勇敢戰鬥」甚麼的。和三島越發親密，帶來書稿《英靈的大喊》請求指點，三島給他撰寫了序文。作為答謝，船坂贈給三島一把他收藏的日本刀。這時三島正在寫《豐饒之海》第二部《奔馬》，去熊本取材，那裡發生過一些篤信神道的人反對明治政府廢刀令的暴亂，三島敬佩反時代精神，買了一把刀留念，但不是名刀。

日本紙、日本畫、日本酒之類的說法是明治維新以後與西方文化相對而言，大有自立於民族之林的意思，唯獨「日本刀」卻像是中國人命名，古已有之。例如宋代政治家、文學家歐陽修寫過《日本刀歌》，說「寶刀近出日本國」。在他看來，精巧的技術是徐福帶去的百工所傳，不過，他看重的不是刀，而是徐福還帶去了未遭秦始皇焚書的先王大典，歎息日本竟不許再傳回中國。大概中國人也最早從藝術的角度賞玩日本刀，但高價買來，只是要「佩服可以禳妖凶」。這就是宋人重文輕武的心態，那時日本已邁步跨入武士社會。

船坂弘饋贈的日本刀是「關孫六」，據說三島由紀夫置於案頭，寫稿時經常抽出來把玩，雖然他說過，刀不是鑒賞的，是活物。船坂弘自責，也許這把刀刺激了三島，想親身嘗一嘗它的滋味。三島切腹之前的一一月一二日至一七日在東武百貨商店舉辦「三島由紀夫展」，分為四部分：圖書之河、舞台之河、肉體之河、行動之河。行動之河的盡頭展示這把關孫六。船坂弘贈刀時裝在未加塗飾的木鞘中，被三島替換了刀鞘，改裝成軍刀。刀鞘上繫的帶子叫刀緒，軍刀的刀緒兩面不同色，一面基本是褐色，另一面的各種顏色區別軍階。

關孫六是名刀。關，指岐阜縣關市，古代屬於美濃國（今岐阜縣南部）。距今八百來年前，一個叫元重的刀匠從九州遷居到關，開啟了此地造刀的歷史，元重被奉為刀祖。真正使關之刀出名的是第二代兼元。至於為甚麼叫孫六，或說是屋號（商號），或說他是元重之孫，排行老六。兼元打造的關孫六深受戰國武將們珍重，甚至一把刀換一座城池。刀，美其名曰劍，但鍛冶行只說鍛刀，不叫作鑄劍，大概魯迅小說《鑄劍》裡鑄的才是劍。當今天皇要退位，皇太子將繼承三種神器，其一是草薙劍，也叫作草那藝之大刀，但傳聞確實是雙刃的長劍。可能平安時代中期（九〇一至一〇六八）隨着武士嶄露頭角並日益壯大，刀由直變彎，就美在弧度上。此後單刃的兵器幾乎成為主流，平日裡只見不動明王手持一柄劍。

一九七〇年一一月二五日三島由紀夫進入自衛隊駐地，總監接見，還問了問三島攜帶的刀真是關孫六嗎，卻遭到綁架。三島五段大顯身手，揮刀砍傷了幾名上來解救的軍官。有一幀照片：三島站在總監室陽台上，身穿楯會制服，頭束一條寫着七生報國的白布，凝視手裡的關孫六。接下來用此刀「介錯」，也就是砍頭。介錯的招法屬於居合道——單膝跪地，飛快地拔刀，一刀砍倒對方。三島跟船坂弘的兒子學居合道，一年後一段合格。

發表了號召自衛隊造反的演説，三島回到總監室。脱光了上衣，跪坐在地毯上，呀地一聲把短刀插入左腹，慢慢向右拉。健美的肌肉夠硬實，這一刀卻也太用力，插得過深，小腸迸出。楯會會員森田趕緊從側面掄刀砍下。三島教過他：眼睛不要離開脖頸子，一刀砍下來。刀砍在三島右肩頭，他喊了一聲森田，第二刀把脖子砍斷一半。另一名會員古賀接過刀，關孫六寒光閃處，咕咚一聲，三島的四十五歲好頭顱滾出一米遠。然後森田在三島的屍體旁切腹，古賀介錯，一刀兩斷。

三島死後，乃父平岡梓出版《犬子三島由紀夫》。船坂弘也在一九七三年一〇月出版《關孫六》，副題是《三島由紀夫，其死之秘密》。當月重印了七次，但早已絕版。從舊書店淘來一本，書頁發黃，價錢貴了二三十倍。

船坂弘寫道：他大腿受傷，被一群美國兵包圍，用一把無銘的古刀——以慶長（元年為一五九六年）為界，此前的刀叫古刀，此後的刀叫新刀，而天明（元年為一七八一年）以後到江戶時代末的刀叫新新刀——砍倒幾個美國兵，最後一個衝過來，被他砍掉手裡的槍，刀也折斷。敵人轉身逃去，他得以幸存，好想要一把不折不彎的關孫六。

三島問過船坂弘：這把關孫六能砍掉幾顆人頭？介錯的刀是兇器，審理三島事件的法庭請來刀劍鑒定家鑒定。他作證：有點錈刃了，也有點彎。材質相當軟，鍛造方法和孫六第一代、第二代不同。刃紋再尖一點兒，就像「三本杉」了。原來關孫六的特徵是「三本杉」，這是刀基本成型後進行淬火，像繪畫一樣在刃上塗泥，淬火就留下花紋，好似連綿的波浪，匠人說那是三株杉樹。鑒定家覺得刀紋不大像三本杉，未確認此刀是關孫六。這讓船坂弘不爽，他寫此書固然是記述他和三島由紀夫的友情，頌揚三島，但似乎更刻意地辯解他贈給三島的刀實乃關孫六。之所以鋒刃，是砍到三島的大臼齒上了。

船坂弘訪問第二十七代孫六。這位刀匠十四歲入日本刀鍛煉塾學徒八年。豎一綑青竹試刀，或者把薄鐵板放在木台上試刀，覺得不過癮，本來刀工免服役，但日本發動戰爭，天賜江戶時代所沒有的良機，一九四四年志願入伍，在中國大陸的中部地區實際體驗了關孫六的鋒利。他說：「砍過敵人的鋼盔、槍身，沒有這種體驗，不知道鋒利的實感，就不明白孫六的特徵」。也試了各種日本刀，相比之下，關鍛造的日本刀不折，不彎，鋒刃不明顯。可怪的是，真的只是砍砍鋼盔槍把子，何必上戰場。

船坂弘寫道：「那把日本刀突然遮斷了洋洋未來被展望的稀有天才的將來。」恐怕這話拉低了三島的思想水準。還是老爸更了解兒子，說：倒是這把刀成全了他，讓他作為武士而死。三島的屍首縫合後火化，踐行文武兩道，死後謚號是「彰武院文鑒公威居士」。武在上，文在下，這個武字是他生前要求的。他說過：「到一九七〇年，說不定我也必須投筆歸於武士之道。」給友人寫信，還曾把名字諧音為「魅死魔幽鬼」。從人生到文學，三島的一切彷彿都是設計好的，按部就班，人工的人生，人工的文學。當時大大小小的媒體輿論一律地予以批判，作家則人都把三島的死視為「三島美學的完結」。武田泰淳說：「我和他文體不同，政治思想相反，但一度也不曾懷疑他動機的純粹性。」

三島由紀夫赴死之前把一切事情都辦妥，當天交出了《豐饒的海》第四部《天人五衰》最後一部分稿子，不像太宰治死得那麼潦草，簡直是「終活」（自己做好人生終結的準備）的典範。《天人五衰》整個籠罩着死亡。被說成永恆的天人也在飛行中頭上的花枯萎，腋下出汗，衣服也漸漸骯髒，「肉體處於時間之中，無非被用來證明衰亡，證明滅絕」。命運觀裡最高的東西是輪迴，是聯結永遠和現在的圓環。輪迴可以把眼前的失敗、破滅當作一個現象相對化，從永恆的視點拯救心靈。不是像佛教所說的脱離輪迴，而是在輪迴中得到永生。

三島是率先走向世界的日本作家，也讓世界知道了日本是切腹的民族。他寫過《葉隱入門》，說《葉隱》一書是他當作家的活力之源。《葉隱》開頭有一句「武士道乃發現死」，看清死是武士的天職。書中一些話可以在當今朋友圈裡流行，例如「人的一生實在短暫，應該做喜歡的事情度過」。此書的背景在於太平之世

「年輕人太娘了」。三島在生中找死，他死後，人們從他的文學中「找」死。關於死，中國人是死後變鬼，日本人是死後成佛，前者醜化，後者美化，這是中日生死觀的根本不同之處。移植了西方的肉體，然後用日本刀毀滅，對於三島來說，或許再完美不過了。

日本刀的功用是殺人。一五八八年豐臣秀吉發佈刀狩令，藉口鑄造大佛，收繳各地農民的武器。德川幕府只許武士帶刀。刀成為武士特權意識的象徵，以致形成了刀是武士之魂的念頭。明治維新後禁刀，美軍佔領後收繳日本刀，甚至傳說用電波探查。在禁止的過程中日本刀越來越異化為藝術品，既然是藝術品，持刀許可證由各地教育委員會發放也就不足為奇。

警察將那把關孫六歸還平岡家，收藏在遺孀的金庫裡，應該以至於今。

關市有一座梅龍寺，孫六家歷代墳墓在那裡。第八代捐獻頗豐，寺裡有孫六家的家譜，從第八代記起，因為第七代往上，戰亂之世，雖然一直居住在美濃國，但住所不定，家系和墳墓已湮沒無聞。江戶時代殺人用的刀需求減少，關地也開始打造菜刀鐮刀。明治維新後仿造歐美小折刀之類。大正年間生產西餐刀叉，昭和年間生產剃刀，戰爭年代又製造軍刀。現今生產各種帶刃的東西，統稱刃物（刀具），據説與德國索林根齊名。市場上常見的「關孫六」是刀具廠家貝印的品牌，刀銘出自關孫六第二十七代傳人之手。

關市自稱刀都，每年秋季舉行刃物節招徠旅遊。我曾在集市上買了一把指甲刀，果然很好用。男人要有一把好的指甲刀。

莫須有的規矩

日本規矩多。

雖然在日本生活已多年，但好些規矩仍然是蛤蟆跳進老池塘——撲通（不懂）。例如我不養貓狗，常見鄰人抱着寵物進出公寓，寵到這個程度，很有點匪夷所思，近日才知道，原來公寓有公寓的規矩：貓狗只能養在自己家裡，一旦出了門，經過住戶共有的地方要抱在懷裡或者裝在籠子裡，以免影響不喜歡寵物的居民。但不知這是不是日本所獨有的規矩。

日本很愛立規矩。例如手機，我是在日本看着它長大的。還因此歎服韓國文藝評論家李御寧的見解，日本人果然好縮小，手機也做得小巧玲瓏，可近來似乎又變大了。從手機出生那天起，日本像要把野獸關進籠子裡，這裡不許用，那裡不許用，使其便利性大打折扣。親歷了約定俗成的過程，也就自然而然地遵守，對於他國的無規矩反倒有了點日本式反感。

日本自古講規矩，陳壽《三國志》有記載，例如：「傳辭說事，或蹲或跪，兩手據地，為之恭敬。對應聲曰噫，比如然諾。」又如死了人，「喪主哭泣，他人就歌舞飲酒」，如今看他們紮上黑領帶弔祭，彷彿就是去吃喝一頓，當然，先交上奠儀。規矩也有來自中國的。道元師事榮西的弟子明全，一二二三年師徒二人渡海赴宋朝取經，五年後道元歸國（明全死於宋），開創日本曹洞宗，傳授「只管打坐」。歸國前夜抄寫北宋圓悟克勤編撰的《碧岩錄》，得到大權修利菩薩挑燈助筆，一夜抄就，帶回了日本，所以也叫它「一夜碧岩」。禪宗不立文字，道元卻替佛寫下大著《正法眼藏》。開山永平寺，見和尚們吃飯像鳥獸一樣狼藉，把他從南宋禪寺學來的作法寫成《赴粥飯法》，諸如不得嚼飯作聲，不得伸舌舔唇，不得抓頭落屑，噴嚏當掩鼻，剔牙須遮口，飯中如有未脫殼的米粒以手去殼而食，莫棄之，莫不脫殼而食。規定之詳，勝似老婆禪。寺規也傳入民間，至今猶遵守，自成美德。江戶人破了不得嚼飯作聲的規矩，吃麵條好似抽水馬桶響，很是討人厭。

偶爾想，對於規矩，我們中國人和日本人有何不同呢？似乎我們往往以破壞規矩為能事，甚麼山高皇帝遠，將在外君命有所不受，不破不立，而他們以遵守規矩為美德。再就是場合，居酒屋裡聚飲不妨熱鬧些，吃茶店裡就應該輕聲細語，不分場合就壞了人家的習慣。他們也敷衍。最好笑的是男人小便之後的洗手，常是把兩個指尖伸到被控制得像嬰兒撒尿的水流裡捏一捏了事。泡湯之前須沖洗身體也多是走過場，但如果你也把牆上貼的注意事項當作虛設，主人可就一本正經了，這時你就被代表你的族類。

說起日本的規矩，我們中國人不由得想到儒教對日本的影響。歷史小說家司馬遼太郎有「國民作家」之稱，所謂「司馬史觀」大受追捧，他在《「明治」這個國家》一書中寫道：日本不是中國或朝鮮那樣純度百分之百的儒教國家，而是儒教度百分之二十、武士道百分之八十的國家。為德川家萬世永續，德川家康採用朱子學，但朱子學並沒有在日本扎下根。究其原因，司馬認為一、未採用科舉制度，也因此日本的儒學不是規範的箍，束縛力弱，與中國相比是自由的，所以江戶時代具有多樣性；二、儒教化未成為習俗。儒學在江戶時代中期以後很興隆，只不過是武士道的粉飾。這倒是有實例可說：中國的儒教習俗是七歲不同席，而日本有些地方混浴的年齡上限為十一歲。某國人的兒子小學一年級來日本，一晃已經五年級，媽媽想入鄉隨俗，兒子卻說甚麼也不跟她一起泡。

司馬遼太郎對江戶時代評價非常高。「人怎樣舉止、怎樣行動最美呢？這種精神的美意識是人最重要的東西，這是任何時代的任何社會都不變的。但精神美意識在很多場合是為之驕傲的階級花費數百年歲月才完成的，在日本則德川時代相當於此，日本人那時造就了自己的美的精神像。」武士「都貧窮，貧窮卻嚮往形而上的東西」。視私心為惡，藩和國家等組織的公共利害優先於個人的私的利害，這就是武士的價值觀。市人、農民非常尊敬武士，所以他們當中也培養了謙讓、忍受的美德。「可否這樣想：留到今天的我們的母胎不是戰後社會，也許是江戶時代也說不定。」

否認近代化以前的日本文化的非合理、非科學性，重看江戶文化，一九七〇年代樋口清之面向大眾出版《梅脯與日本刀》《梅脯與流水賬》等書，社會上逐漸掀起江戶熱，田中優子一九八六年出版《江戶的想像力》等書也推波助瀾。一九八一年大報《讀賣新聞》編輯後記似的專欄裡出現了「江戶規矩」的説法：聽説有一個會，叫「重看江戶的好」，已經持續十多年，所以大概不會是借近來江戶熱而起的。好像是大學教師或醫生、上班族或主婦等互相就江戶文化自由地交換意見的會，「江戶規矩」也是研究課題之一。

所謂「江戶規矩」，類似北京的「老禮兒」。據説是江戶時代的商界領導人打造的，是上層人物的行動哲學，也是好商人應該怎樣活的商人道，這種使人際關係圓滑、共生的智慧支撐江戶時代二百六十多年和平而安心的社會。「規矩」有八百種或者八千種，都是口頭傳下來的，所以就難怪找不到史料為證。然而，有個原田實，二〇一四年、二〇一六年先後出版兩本書，叫《江戶規矩的原形》和《江戶規矩的絕命》，揭露「江戶規矩」不過是捏造。簡直像穿越，好似那個濃眉大眼的傻大個阿部寬扮演的古代羅馬人穿越到現代日本澡堂子。

例如，「江戶規矩」一：在車上落座不能坐死了，腰要浮起一拳頭，以便隨時向旁邊移動，給後來者讓出地方。這個規矩確實好，因為我在日本坐了這麼多年的電車，常見七個人佔據八個人的席位，並不主動給他人擠出座位，最常見的「浮腰」是或男或女或老或少刺溜一下子搶佔邊端的位置。但是，原田實考證：江戶時代眾人同乘的交通工具是渡船，不可以不坐穩，坐住，況且渡船停靠兩岸，中途怎麼會有人上船呢？江戶人生活在榻榻米上，竄動位置靠膝蓋。

「江戶規矩」二：走路只佔三分，把道路的七分讓出來，以便用門板運傷員或病人，或者有急事的人通行。可是，看描繪江戶街景的浮世繪，人們任意行走、佇立、出攤，絲毫不見道路三七開的意思。建築家黑川紀章說：風景畫上大搖大擺地走路，站着聊天，一點都沒有擁擠堵塞的感覺，江戶時代沒有汽車，沒有辦公樓，居民過日子把江戶土地大部分當作了私人的空間。

「江戶規矩」三：不預約造訪，或者遲到，就是偷人家的時間，該當死罪。這大概就是魯迅說的：「生命是以時間為單位的，浪費別人的時間等於謀財害命。」但這是把現代打電話約見的作法穿越到江戶時代，殊不知江戶時代報時是城頭擊鼓，寺裡撞鐘，貿然登門是當然的。十九世紀鐵路普及給西方人的時間意識帶來了革命，而明治年間日本引進西方文明，鐵路、軍隊、上班上學訓練了時間觀念。荷蘭海軍大尉在幕府的長崎海軍傳習所任教，寫過「日本人的癖性」，抱怨日本人的慢條斯理令人愕然，對他們的約定不能太相信。船需要大修，跟日本人訂購木材，趁滿朝時把船拽上修理台，但潮滿了，木材沒有到，只好等下次漲潮。萬事皆如此。「我多次參加和日本人談判，他們幾小時坐在那裡吸煙，賣呆，好像還打算到外面散散心，而且這種場合也喝茶吃點心，悠閒自在。」這樣的節奏一定讓今天的日本人起碼上班族羨慕不已吧。

原田實說，「江戶規矩」的始作俑者是一個叫芝三光的人，熱心推廣者多數是他的徒子徒孫。江戶的傳統居然只有芝三光一個人傳承，豈非怪事？於是他們編了一個說辭：明治維新時官軍屠殺江戶人，特別是女人和孩子，像越南的索米村、印地安的翁迪德尼，斷絕了江戶傳統的延續。

「江戶規矩」被一些中小學納入道德教育，企業也用來教育職工。文部科學省編制的《我們的道德》也採用「江戶規矩」。大報《朝日新聞》一直支持「江戶規矩」之說，不久前刊登書評，卻說「作為流言研究饒有興味，但這樣的言說不加檢驗地擴散的現狀令人不寒而慄。要警惕以流言為據宣講道德的江戶規矩蔓延。」某媒體人評論：「過剩地讚美日本的歷史和傳統的圖書、電視節目氾濫，想被誇獎本國傳統的慾望成風。文部科學省不好好調查歷史事實就在道德教材裡許可江戶規矩的記述，背景也在於看似日本傳統就甚麼都好的輕率觀點。國家輕視歷史或科學是危險的。」

田中優子是江戶文化研究家，正當着法政大學的校長，她曾肯定「江戶規矩」，現在也予以否定，說那不過是想像，是空想。看來江戶瞎話要收場了，但好像有些外國人卻還在起勁兒地編造日本的瞎話。

工匠與神話

世界上首位給日本工藝點讚的，大概是我們的宋代詩人歐陽修。他讚的是日本刀，有云：「昆夷道遠不復通，世傳切玉誰能窮。寶刀近出日本國，越賈得之滄海東。魚皮裝貼香木鞘，黃白閒雜鍮與銅。百金傳入好事手，佩服可以禳妖凶。」刀，本來是兇器，美軍佔領日本後統統地沒收，但日本人說它是藝術品，又要了回來。刀鋪有賣，個人有藏，美術館展示，確實做得好。

歐陽修把玩日本刀，但讓他涕泗滂沱的卻是那些「逸書」「古文」「大典」——「徐福行時書未焚，逸書百篇今尚存。令嚴不許傳中國，舉世無人識古文。先王大典藏夷貊，蒼波浩蕩無通津」。歐陽修在世時（一〇〇七至七二）日本以武為業的武士才露尖尖角，殺人的刀就已經做得這麼好，二百年後忽必烈滅了以文立國的宋朝，發兵征討日本，被繫條兜襠布的武士揮舞長刀短刀殺得落花流水。直到被美國丟下兩顆原子彈為止，日本可算在冷兵器歷史上不曾被異族侵佔，現今也引以為傲。

歐陽修指明日本的技術是中國人帶去的——「傳聞其國居大島，土壤沃饒風俗好。其先徐福詐秦民，採藥淹留丱童老。百工五種與之居，至今器玩皆精巧」。百工之中應該有刀工，鍛造也堪稱日本工藝的代表，但好像誇日本工匠及其精神時不大提及，莫非跟歐陽修一樣，「鏽澀短刀何足云」。

日本三百六十行大概都能到中國尋根。有人姓犬養、豬飼，說不定他們的祖上就是從大陸渡海而來，給皇家養豬餵狗，以職業為姓。當初姓三個字，例如犬養部、錦織部，是朝廷下設部門。七一三年元明女皇發佈「好字令」，仿照唐朝，像長安、洛陽那樣，把字數零亂的地名加以統一，皆改用兩個好聽的漢字。很多姓取自地名，所以也多是兩個漢字。「犬養部」去掉「部」，變成兩個字「犬養」，我們一看就笑了。

工匠就是手藝人，動手做東西，日本叫「職人」。搭建木結構的和式住宅的是工匠，用現代技術蓋高樓的叫建築工人。和食中只有做壽司的稱作「壽司職人」，其他的，例如炸天麩羅，算不上工匠。工匠要使用傳統工藝。傳統工藝的特點是手工業，熟練的技術，代代相傳，日常生活所用。用心把東西做好，精益求精，這是什麼精神？這就是工匠精神，日本叫「職人氣質」，定義是對於自己的技術有信心，頑固而耿直。據説作家阿城説過：「他靠手藝來吃飯，靠手藝吃飯的人不能把自己釘在一個固定的點上累死。」工匠的問題恰恰就是把自己釘死了。雖然日本人好像一輩子都吃不厭拉麵，但開店幾十年沒換過菜單，也不免令人懷疑店家不思進取，不善於經營。工匠精神的核心是認真。偉人早説過，世界上怕就怕認真二字。不要把怕認真變成怕人家認真，那有什麼可怕的呢。

三十年前初到日本時驚訝上班族的文具之多，男人都顯得小里小氣，但後來我的文具也多起來。講究細節，喜愛小物件，這種「國民性」也為工匠提供了用武之地，各逞其能。不因物小，日常消費品，而不加美化。不過，局外人和當事人看事情不一樣，我們旅遊日本驚奇何止四百八十寺，感佩不已，他們自己卻嚷嚷寺廟日見式微。日本人做事看上去小題大做，做小小的木型也要有五十多種工具。專事和式點心木型的工匠現在只有幾個人，以後沒人做了，或許過十年二十年就見不到藝術品一般精緻的和式點心。尤其是到了夏日，街上穿和服的女孩兒多起來，傳統景象重現也歸功於中國製和服的廉價，其背後則是日本和服業的衰敗。工匠的技藝是師徒相授，師傅、工匠（出徒以後繼續留在師傅家裡做工）、徒弟的小團體結構也確保廉價勞動力，但年輕人對這種落後的傳習制度敬而遠之，手工業後繼無人。

手工業多是分工合作，分工細是日本工匠的一大特色。以前看過一部漫畫（連環畫）《工匠夢》，野中英次畫。主人公伊能安次郎立志當一流工匠，先是拜著名的牙簽工匠為師，這位師傅專門給牙簽刻溝槽——牙簽一端尖尖，另一端有幾圈溝槽，捏着剔牙不打滑。牙簽，日語寫作「爪楊枝」。有一種用黑文字木（釣樟，根皮入藥）做的高級牙簽，叫「黑文字」，斷面為方形，留有黑色的樹皮，很有點粗野，搭配在色形兼美的和式點心旁邊，盡顯日本風情。情不自禁地用它挑起點心放進嘴裡，只是一味地甜。《工匠夢》里做牙簽有六道工序，由六位有資格的工匠依次製造：放倒大樹切成小木片的，把小木片劈成細棍的，把細棍削成圓柱狀的，磨尖圓柱一端的，整個打光的，在另一端刻出溝槽的。漫畫畢竟是漫畫，但日本工匠分工真細得變態。他們不追求一專多能，一物多用。合作要默契，只能齊步走，互相制約，不可以別出心裁，這樣過細的分工不利於改進技術、提升產品。富山縣高岡市從江戶時代盛產銅器，作坊在市內隨處可見，專門給銅器着色的，幾輩子只從事這一道工序。用藥品和加熱使銅器變色，憑技術能變化幾十種顏色。一個叫折井宏司的七〇後辭去東京的IT工作，回鄉繼承家業，不坐在家裡也就是作坊等活兒，自己開發新商品，用兩年的工夫開發出銅板着色「斑紋孔雀色」，創作的掛鐘古色古香。這是固守手藝的老一代做不到的。

工匠為生活服務，產品的第一概念在於用，用中求美。我們欣賞日本工藝品，似乎更多地注意藝術性，而不是實用性。岩手縣生產的南部鐵器基本是日常用品，二十多年前覺得好玩兒，還買來送人，被丟到一邊。孰料一場大地震讓中國人發現了南部鐵器之美，爭購收藏，一下子變成工藝美術品，價格昂揚。日本人抱怨中國人富了，也吃起了生魚片，金槍魚就沒有了，但南部鐵壺被中國人看上，氣息奄奄的工藝得以重振。可惜喪失了實用價值，工匠們都要當工藝大師了。藝術高於生活，也就從生活中脱離出去。

日本各地經常舉辦工藝展，展品大都超脱以實用為宗旨的工藝，不過是一味追求美的工藝美術品，頂多能用來擺設、裝飾。二十世紀前半日本有柳田國男倡導民俗學，柳宗悦發起民藝運動。柳宗悦主張民藝的「用之美」。用字當頭，美在其中，這種思想與十六世紀千利休創立草庵茶的初衷一脈相承。柳宗悦説：「所謂民藝，是民器，指普通的物品，也就是和日常生活分不開的東西。不斷使用的東西，誰都天天用的東西，每天的衣食住直接需要的種種物品，把這些東西叫民藝品。因而不是稀少的東西，而是大量被製做的東西，誰都能看見的東西，能便宜地購買的東西，到處都有的東西，這就是民藝品。這樣的東西自然與富豪貴族的生活緣分薄，跟一般民眾的生活有着更親密的關係。」

大樋長左衛門有兩個頭銜：陶藝家、美術家。作為陶藝家，他是具有三百五十年歷史的大樋長左衛門窯第十一代傳人，燒製茶陶（茶具）。一六六六年加賀藩主為普及茶道，把千利休之孫宗旦的兒子仙叟宗室（里千家第四代）從京都請到金澤，陶工大樋長左衛門同行，他是樂陶第四代一入的高徒。長左衛門在大樋村（今大樋町）發現了適於燒製樂陶的土，開創大樋陶。樂陶不使用「轆轤」，用手捏，捏出來的形狀各異，不可能規整，就有了所謂不均衡美，以及殘缺美。可能中國人覺得沒做好就丟掉，窯旁邊碎片成堆，而日本有個陶藝家叫北大路魯山人，在燒裂之處塗一筆金色，殘品頓時變成藝術品。這一筆塗與不塗是審美的不同，日本美意識本來很大程度上出自中國的殘次品。藝術家永遠以自我為中心，隨心所欲，是為創作，而工匠守護傳統，對於他們來說自我是從屬。大樋長左衛門兼具二者，當他做茶碗時懷抱工匠之心。美國沒有茶道，他跟美國老師學做的那就是藝術。傳統和現代相結合，至於偏重哪一邊，就要看他做的是茶碗還是壁畫了。當年從中國舶來的「唐物」無疑是傳統藝術，被千利休相中的日本製黑色樂茶碗可算是「當代藝術」吧。

柳宗悅明白地指出：「民眾的工藝和貴族的工藝有怎樣的區別呢？其性質的不同在哪裡呢？民藝品產生於民間，主要在民間使用。因此作者是無名的工匠，作品上也不留名。做的數量非常多，價格也低，使用的場所多是家庭的起居間或廚房。樣子素樸，結實，形狀圖案也單純。做的時候心態也是極其無心的，尤其不從審美等下功夫。」

「與之相反，貴族的東西是上等品，貴重品。所以數量不多做，價錢高。作者多是名工，因而多在器物上留名。使用者是貴族和富人。與其說是實用品，更多是裝飾物，放置在客廳。形態絢麗而複雜。技巧誇精緻，做的人也煞費苦心加工，有意識地製做。製做的組織多得到官家或富人的保護。」

谷崎潤一郎在小說《瘋癲老人日記》中寫到中國人和日本人做工的不同：「年輕時不經意看見的事情，不知什麼時候會有用。我去中國漫遊過兩三回，不僅在中國，旅遊日本的哪裡也偶然見過有人在野外製做拓本。中國人這種技藝甚熟練，刮風也滿不在乎，刷子蘸上水，把白紙鋪在碑面從邊上吧嗒吧嗒地拍打，就做出很不錯的拓本。日本人綿密，神經質，小心翼翼用大大小小的棉花團蘸上墨或者墨色的印泥，一條一條仔細地塗抹細線。有黑墨或者黑色印泥的，也有朱墨或朱色印泥的。我覺得這朱色的拓本極美。」

可見，各村有各村的高招，從結果來看，即所謂異曲同工，似乎不必非學他們綿密得神經質不可，也不必給日本工匠製造些神話，海上有仙山似的。

第二篇

作家雜談

誰讀太宰治

以前在一所大學教書，經常從「三鷹」下車。三鷹市屬於東京都，江戶年間是德川將軍家放鷹狩獵的地方。市裡有動漫愛好者的去處「吉卜力美術館」，到今年（二〇一六）開館十五年；若是對太宰治感興趣，還有禪林寺，裡面就有他的墓，每年六月十九日好多人聚來緬懷，美其名曰「櫻桃忌」。一九四八年六月十三日太宰治去向不明，六天後在「玉川上水」裡發現屍體，恰逢他三十九歲誕辰。玉川上水原先是流到江戶供士農工商飲用的上水道，雜木遮掩，幾乎看不見河水。沿着它走路，不禁想：這樣的小河溝能夠把兩具綁在一起的男女漂出二里地，當時水量應該很不小。

讀過水木茂的隨筆——他一九四三年入伍，在新幾內亞戰場被美軍炸掉左臂，復員後致力於漫畫，畫妖怪出名，還得了旭日小勳章——寫道：

昭和二十二年（一九四七）過半吧，因戰爭吃盡了苦頭，總算回到了國內。某日經過叫玉川上水的地方，當海軍的戰友說：「唉，就是這裡喲，叫太宰治的小說家自殺的地方。」一看是條小河，水流挺急的。我在戰爭中曾跳進岬角的漩渦裡逃生，也曾在海裡游了一天得救。不過，那是不游就會被殺死，當然拼命游。所以對於我來說，對於海軍戰友來說，死在這條小河裡，真難以置信。「這裡連貓也死不了吧。」「可不是麼。」「一定是非常軟弱的人。」我們好不容易把肉體平安地帶回國，卻有人死在連野貓也死不了的小河裡。和玉川上水的印象一起留下了這種心情，後來就讀讀《晚年》和《不配作人》。讀着想，心非常軟弱的人真有啊，有意思，但哪個都是謹小慎微的文學，讀後感很糟。往壞裡說，是女人墮落似的故事，有這種心的人或許就會想死在那條小河似的地方。我在南方對土人的原始性生活方式有共鳴，覺得回來碰見太病態的文學。

最後還寫了一句：「大概太宰治是一種病態，給這種人當粉絲也就是自己的心有病。」

──「人間宣言」、「人間失格」，把這些日本詞照搬來，望文生義，很可能誤解。日語的「人間」也指人，比「人」抽象，側重社會性存在與人格，有時也就指人類。例如「我們作為人向所有的人呼籲，不要忘記人性」這句話譯成日文，可能第一個人用「人間」，第二個人用「人」，人性則是「人間性」。翻譯太宰治小說《人間失格》，只是把「間」改成簡體字，未免太偷懶或取巧，當譯者不夠格。我勉為其難，試譯為「不配作人」。

當上了作家，不免要談談讀書。去年有個搞笑的藝人，叫又吉直樹，獲得芥川獎。並非這個最有名的獎項需要搞搞笑，而是不大有笑容的又吉創作了嚴肅文學。故人野坂昭如說：寫小說是他逃避現實生活的防空洞；又吉說：「日常產生的奇怪感情使我轉向寫作，被文字表現解救。」他也談讀書，愛讀太宰治。這話讓我們振奮，因為太宰治在中國很有點走紅，雖然他走進中國相當大程度拜著作權到了時限之賜，不花錢就可以翻譯出版來賺錢。值得注意的是又吉說「中學生的時候」，他「中學生的時候讀太宰治的《不配作人》受到衝擊，因為那裡所寫的主人公大庭葉藏從幼小到少年所為就是自己面對世界時的方法。」

問一位三十來歲的朋友，純種日本人，邊喝邊問的，他說：

> 我上中學時也讀過太宰治，因為課本上有。寒暑假作業也是讀太宰治，寫讀後感。所以，是日本鬼子（笑）就讀過。但走上社會誰還讀，旁人會覺得他有病。太宰治筆下的人物那麼無賴，動不動就自殺，足以感動中學生的心，但長大了還這樣，那就去死吧。很多人讀了以後跟那個又吉一樣覺得《不配作人》寫的是自己的故事，應該誰也不知道的自己怎麼被寫在了這裡，說不定今後的人生裡也會發生這裡所寫的悲劇，

真叫人恐怖。然而，上大學，走上社會，隨着社會經驗的積累，就會在某種程度上覺得葉藏不面對現實問題，只抱怨周圍，不就是個傻瓜嗎？又吉說他後來也反覆讀，那是學習寫小說吧。

聽罷浮一小白，想起比又吉直樹早幾年，綿矢梨沙以十九歲的小小年紀獲得芥川獎，轟動社會，她也說：最初讀太宰治的作品是在高中的圖書室讀了《不配作人》，以前也拿起過，但嚇得讀不下去。重新讀，自己漠然思考的內心問題都寫在了那裡。作家們對於太宰治的感受差不多，這感受痛徹心脾，也不過高中生水平。例如辻仁成的讀後感：「簡直有一種奇妙的感覺，彷彿生來第一次碰到鏡子，清楚地窺見自己的本來面目。」久世光彥一九九八年出版小說《謎的母親》，讚美太宰治，但他說，以前不好意思公開自己是太宰粉，一直潛水來着。作家們坦言自己是太宰粉的，如高橋源一郎、柳美里、町田康，常常帶一句「並不覺得害羞」，畢竟認為太宰小說本來是初中生、高中生的課外讀物麼？

死去太宰治，活來《不配作人》。誕生近七十年，這個不算長的長篇小說始終沒有被社會同化，一直為不願被社會同化的年輕人所愛讀。與其說它反映一個時代，不如說反映了人生的一個階段，以致一代代人都要讀，誰都在葉藏身上發現自己。太宰治在閱讀史上的地位大大高於文學史。作品所內含的價值能與時俱進，像楓葉一樣變色，是名作的條件。起初被讀作「無賴派」，「與社會的偽善戰鬥，自己選擇了失敗的抵抗者」，後來演進為「孤獨的體現者」。一九八〇年以後「無賴派旗手」的形象銷聲匿跡，幾乎不再談曾經被高度評價的思想性。《不配作人》的封面反映了閱讀的演變，過去是抽象畫，近年由漫畫家來畫，葉藏的形象變成身穿學生服的小鮮肉，那就是小說開頭：「我看見過三張那個男人的照片」，第二張是學生模樣，「總之是美貌驚人的學生」。搞中國語言文學的高島俊男說，要是讓他舉出一個二十世紀日本的文章天才，他毫不躊躇地回答「太宰治」。

太宰治生前不大有銷路。一九三六年出版《晚年》，這是他的第一本書，自道：「到賣光經過二年三年，一天賣一冊，我的自傲也就崩潰了。」戰敗後幾個左翼人編輯《近代文學》積極向太宰約稿，在他們眼裡，如竹內好所頌揚：惟有太宰治始終隻手反叛搭戰爭便車的袞袞諸公，我作為同代人，要為他的活躍鼓掌。中野重治說「太宰不曾給侵略戰爭打燈籠」。和田芳惠在《築摩書房三十年》中記載太宰治的《維庸之妻》賣不掉，倉庫裡堆積如山。服毒投水而死，中野好夫認為他「就在夫人家鼻子底下和別的女人抱着漂起來，醜得不能再醜了」，而醜聞向來是媒體的賣點，和田芳惠接着便寫到連日來報紙廣播當話題，《維庸之妻》忽地賣光了。《不配作人》被當作破解情死之謎的鑰匙，很多對事件感興趣的人也買來讀，銷行二十萬冊。一九四八年四月八雲書店出版《太宰治全集》，老闆忍不住笑：死得可真是時候。

一九五六年，中野好夫在雜誌上發表評論，題為《已不是戰後》；石原慎太郎以《太陽的季節》出道，驚世駭俗；築摩書房開始出版《太宰治全集》，初印四千冊，不到一個月加印到一萬冊。對其人其作的研究哄然而起，把《不配作人》評論為太宰治的精神自述傳，也是性格分裂者一生的自白。一九五八年獲得芥川獎的大江健三郎說：我最初聽到太宰治的名字是報紙上登出他自殺的報道。上高中時周圍有非常反感太宰治的氣氛，現在消失了，出現了坦誠理解他的風潮。

十年間召集櫻桃忌活動的龜井勝一郎一九五九年寫道：

我時常想，太宰文學為何在年輕人當中有人氣呢？死後過了十一年這種人氣也絲毫不衰為甚麼呢？死後出全集，而且翻來覆去的作家自明治以來實在少。一本本單行本反覆被閱讀的作家是有的，以全集的形式翻來覆去的很少見，夏目漱石、森鷗外、島崎藤村、芥川龍之介，差不多就這四個人，看來太宰全集也將躋身其間。

一九五六年太宰治作品首次被教科書採用，是《快跑梅洛斯》。參加櫻桃忌的年輕人逐年增多，多是女學生。一九六三年大學升學率上升到百分之二十一點七，女生如花滿校園，卻有人感歎她們有才能、沒目的，大學變成高級新娘子學校，甚至有女生王國論。畢業論文寫太宰治大增，究其原因，在於當時一般寫作家論，選過世的作家寫，太宰有完整的全集，量又不太多，再合適不過了。

一九六〇年安保運動受挫，參加櫻桃忌的人群中多了參加過運動的年輕人。

一九六五年至一九七〇年日本經濟發展超過前十年，不可一世，被稱作東洋奇跡。一九六八年大學升學率達到百分之二十三點八，又有人感歎「學生太孩子氣，大學幼兒園化」。櫻桃忌變得像粉絲的娛樂，遺屬們不再參加。森鷗外的女兒杏奴擔憂：「聽說由於不得了的太宰熱，他在三鷹的墓被群眾淹沒，估計對面先父的墓一定被踩得亂七八糟，非常過分吧。」太宰治在三鷹居住了九年度過「晚年」，短篇小說《花吹雪》中寫有這樣一段：「這裡的墓地清廉，有鷗外文章的影子。我的髑骨頭要是也埋在這樣小綺麗的墓地角落，或許死後能得救。」因此妻子把他的骨灰葬在禪林寺內的森鷗外墓旁，但好些粉絲不曉得墓碑上鐫刻的「森林太郎」就是森鷗外。太宰熱是一種社會現象。江藤淳從太宰文學裡看出「不必要的感傷性」，甚至說：「若奪去社會現象的光環，太宰終歸不會是二流以上的作家。」

一九七〇年代以後《不配作人》被初中和高中的女生們看中並偏愛，讀書感想文必寫它，堪比夏目漱石的《心》。至於感想，無非「那裡面寫了我」。太宰治的讀者隨着經濟高速度發展而劇增，看來我們中國人也讀得正是時候，只是讀者老了點兒，或許這證明一個說法：中國比日本落後二十年。二〇一四年新潮社公佈「二十一世紀以來新潮文庫印數排行榜」，村上春樹《海邊的卡夫卡》位居第一，夏目漱石《心》第六，太宰治《不配作人》第八。名著不死。

太宰治寫道：藝術家本來「就該是弱者的朋友。對於藝術家來說，這就是出發，又是最高的目的」。用村上春樹的話來說，那就是站在雞蛋一邊。太宰更給人一種他本身就是弱者的印象。其實他不弱，像葉藏一樣覺得「自己了不起」。裝弱是太宰的人生策略。他手裡握的筆就是利器，敢於刺向芥川獎評委川端康成、文壇大佬志賀直哉。中野好夫批評短篇小說《父親》：「讀時的確有意思，但第二天早上就甚麼也不剩。」太宰登時跳起來，在《如是我聞》中大罵：「這又是一個大混蛋先生！」

十來個作品寫到自殺，因而有人說：太宰治以自殺願望、自殺未遂（情死未遂）為動力創造了獨特的文學世界。太宰文學中既有光明又有黑暗，既有美麗又有滑稽，即有深刻又有輕飄，聖俗一體。他總能讓讀者笑起來，會心一笑或破涕為笑，這是對讀者的服務。大江健三郎幾乎沒這種服務，縱然獲得諾貝爾文學獎也少有人愛讀，而村上春樹有，所以那麼多粉絲為他得不到諾貝爾文學獎鳴不平。

三島由紀夫曾當面對太宰治說：我討厭你的文學。致信川端康成卻寫道：「第三遍讀太宰的《斜陽》，銘感至深。」他寫《假面自白》顯然受到了《不配作人》的影響和刺激。太宰以《不配作人》和情死、三島以《豐饒之海》和切腹確立了各自的神話。傳聞三島自殺前説過一句「我到底跟太宰一樣啊」。

一不怕雨，二不怕風

明天，八月二十七日，是宮澤賢治誕辰一百二十年。他的故鄉在日本東北的岩手縣花卷，那裡的宮澤賢治紀念館紀念他，正舉辦「不畏風雨」展。

「不畏雨／不畏風」是他的名句，無人不知。一九二九年美國引發世界經濟大蕭條，也殃及日本，一九三一年東北又遭遇冷害，農村陷入危機，甚至出現了賣婦鬻女。賢治臥病，時當深秋，在筆記本裡記下這首「風雨詩」，死後被發現。全詩沒有主語，但可想而知，他要和農民們一起，「乾旱時流下眼淚」，「冷夏時坐立不安」。他說過：整個世界不幸福起來，就不會有個人的幸福。二〇一一年三月十一日，日本發生大地震，花卷也受災嚴重。賢治的詩句讓人們鼓起抗災的勇氣，不向風雨低頭，不能輸給災難。全世界都唱起了「不畏風雨」，為日本加油。

賢治生於一八九六年。出生前的六月岩手縣沿岸遭到大海嘯襲擊，出生後四天岩手縣發生七級大地震，似乎他生來就必須不畏風雨，不畏冬雪和夏暑，也不畏地震與海嘯。多才多藝，佛教、文學、自然、農業、音樂是他人生的要素，可惜只活了三十七年，病故那一年岩手縣也發生地震。短短的一生大約寫了八百首詩，一百篇童話，但生前只出版了一本詩集《春與修羅》和一本童話集《要求多的餐館》，是自費出版，大半賣不掉。他活着的時候並沒有名氣，但死後，隨着時代的變遷，人們從他的作品及生活方式讀出人文主義、和平主義，近年又聯繫到環境運動，予以高度評價。賢治熱愛自然，憧憬宇宙，關心科學。有人統計過，他作品中出現的植物有五百多種，動物一百四十多種，其中鳥類五十一種，哺乳類四十一種。詩文中地質學以及哲學、宗教等的用語很多，還混雜幾種外語和岩手方言，簡直像語言博物館。

十九歲的賢治考上盛岡高等農林學校，這是日本第一所國立的農學、林學以及獸醫的高等學校，全國招生。盛岡距花卷不遠，縣治所在，是那位用英文撰寫了一本《武士道》的新渡戶稻造的故鄉，出產如今中國人大肆喜好的鐵壺。賢治從小對岩石、礦物感興趣，被叫作「小石頭」。他的童話代表作之一《銀河鐵道之夜》中寫道：「這沙子都是水晶，裡面燃燒着小小的火苗。」所以學習地質學、土壤學如魚得水，從此跟農業打了一輩子交道。三十歲時辭掉薪酬優渥的農學校教職，撰寫《農民藝術概論綱要》，開設農民講座，要把為了吃的農業變成為了快樂地生活的農業。

那時候日本的農村跟中國一樣，岩手縣因冷害、乾旱等天災經常鬧饑荒。現今旅遊那一帶，還到處能見到遺留的餓死供養之類碑石。他家開當鋪、賣舊衣，生活富裕，但通過父祖的生意看見了農民生活的困苦，覺得家業很可恥，不願意繼承。宮澤家信奉佛教，代代信的是淨土真宗，而他十八歲改宗法華經，「無慾無求/絕不發怒/總是平靜地微笑」，「對所有事情不過分思慮」，始終不渝。他認為「今後的宗教是藝術，今後的藝術是宗教」，有志於「法華文學」（用文學傳佈法華經的教義）。二十五歲開始寫童話，自信「足以驚倒當今的日本文壇」。賢治的文學，語言獨特，富有幽默感，至今打動人心的是那顆慈悲之心。雖然很熱愛，卻終於未專事寫作。畢竟受家庭影響，在東京還謀劃過經營人造寶石業。小時候被叫作小石頭，晚年在碎石廠工作，彷佛是一種宿命。日本的傳統房屋是木造的，明治維新以後西方化，磚石成為摩登的結構，如幾年前復舊的東京站。賢治到東京推銷建材產品，精疲力竭而病倒。回花卷養病，寫下「風雨詩」，兩年後的一九三三年九月二十一日病故。

著名作家井上廈說：「賢治是人的樣板。」

考楢山節

老作家井伏鱒二告訴深澤七郎：「那個不是楢木，這邊的才是。」深澤覺得自己寫了《楢山節考》，得知道一下「楢」，可它葉子太一般，不好記。

楢，據說就是櫪，別稱橡，俗稱柞。要說柞木，那我是知道的。青春歲月被下鄉，那嘎嗒滿山柞木林，冬天就砍來當柴燒。不過，我不是好知青，想不起葉子長甚麼樣，只記得枯而不落，群山就好像生了鏽，挺有看頭兒。至於橡，在我的印象裡它是外國小說裡的樹木，用來做酒桶——日本叫作楢，倒是把這個漢字用神了。

深澤七郎憑短篇小說《楢山節考》一舉成名。有人說這個作者有這一個小說就夠了，又有人說如果日本戰敗三十年來只推舉一篇小說，那就是這篇。七郎並非排行老七，而是他家後面有一座七面山，廟裡供奉七面天女，被信佛的父母拿來起名。山在山梨縣。小說取材於山梨縣，但長野縣有「姨捨山」，人們就以為作者是根據那裡的「姨捨山傳說」編出這個故事。

「姨捨山」的捨，作動詞，按中國語法是捨姨。傳說有個人把撫養他的姨丟在山上，偏巧山上生明月，清光洗心，翻然找回姨。這就是棄老傳說，好些民族都有的民間故事。有的老人被兒子往山上背，一路折枝，怕兒子回去時迷路；有的人帶着兒子去丟棄老父，兒子說別扔了背簍，留着以後背你用。總之，都有個天倫之樂的結局感人，但《楢山節考》用棄老行動的殘酷打擊人們的脆弱感情，雖然似乎也深化親情之美。可能我們中國人知道《楢山節考》多是看過據之改編的電影，覺得看到了日本的習俗，甚至還看出日本文化具有殘酷性。

關於這個小說，深澤七郎寫過隨筆，道：

傳說裡姨捨是把老人放在現在的姨捨山放光院長樂寺的姨岩上，也有說是從姨岩推下去丟掉。但聽說這不是事實，姨捨的傳說是從中國傳來的，而原話是印度的傳說，這個信濃的姨捨山只是地名。

丟棄父母太不合情理。若是中國或印度的進口傳說，那就是舶來故事，日本人沒有那麼殘酷的歷史，也可以為此驕傲。而且，應該不會以此就成為名勝。據說日本的傳說或物語多半是來自中國的進口貨，安珍、清姬的《娘道成寺》等也是中國《白蛇傳》的改寫。然而，因為姨捨傳說是進口貨，就可以得意一下，也有點莫名其妙。有人怠慢上年紀的父母，這是活着就丟棄了。事實上現今在哪裡也聽說這種事。

長野縣古時是信濃國。大概「姨捨山傳說」使當地成為賞月的勝地。每當中秋，人們聚在山頭，月亮一出來齊呼萬歲，然後作鳥獸散——不是賞月，是拜月。深澤還寫道：

> 如今公爵王的新車開上這殘酷傳說的姨岩近旁，姨岩與豪華汽車並排令人不舒服。傳說與文化的對照太鮮明似乎是殘酷的。

戴墨鏡的作家

野坂昭如病故了，享年八十五（一九三〇至二〇一五），合掌。

合掌之後便想起第一次在電視上看見他時的驚愕，幾乎笑起來。

那是我東渡日本兩年多的一九九〇年，電視上播映大島渚珍珠婚慶宴。只見野坂上台念賀詞，逗得大島夫妻在一旁笑逐顏開。賀詞念完了，大島說了聲謝謝，野坂卻猛然給他一記右勾拳，打飛了眼鏡。大島往後趔趄了幾步，用手中的話筒反擊，野坂的好頭顱挨了兩下。夫人上前把他們拉開。野坂是作家，大島是電影導演，可算是文人打架。不是在紙上打筆仗，即便是醉酒鬥毆，大概在我們中國也不可想像，因為文人嘛，就該文質彬彬，更何況還可能是人類靈魂的工程師。起因據說是大島忘了及早請野坂上台朗讀他早已準備好的祝頌妙語，這工夫他可就喝多了，惡向膽邊生。文壇酒徒排行榜上他是打頭的，惜乎酒德不大好。

作家裡有人愛貓，有人養狗；有人如村上春樹，不關心世事，不好跟媒體打交道，而野坂昭如說，他不能像鴨長明（十三世紀初隱居山林，著有《方丈記》）那樣旁觀世道。他當歌手，作歌詞，說相聲，演電影，練泰拳，寫小說，而且搞政治。大概這種自我顯示慾，也是為克服少年時代形成的劣等感。田中角榮當首相受賄事發，野坂說：他不辭職，那就讓他選不上議員。說了就辭掉當選不久的參議員，跑到田中的選區競選眾議員。在街頭演講：我要把大豆、苞米嚼碎了給妹妹吃，可最後自己咽下去了。妹妹死了以後發現她只剩下皮包骨，現在非洲有很多孩子在餓死。野坂是從戰爭的廢墟裡活過來的，基於自身經歷的《螢火蟲的墳墓》描寫美軍空襲神戶，死去了母親，十四歲的清太帶着四歲的妹妹節子流浪，夜裡依偎在一起，看螢火蟲飛舞。天皇下詔投降，一週後節子瘦弱而死。流浪的清太也死在車站，從懷中的糖果罐裡撒出來節子的骨灰。高畑勲把這個短篇小說改編為動畫片，幾乎每到夏天電視都重播。這樣描寫戰爭的悲慘，不知不覺的，戰爭加害者日本易容為戰爭受害者，所以韓國曾長期禁演。

野坂總是戴一副墨鏡似的近視鏡，說是與人說話，對方看不見自己的眼睛才安心。或許現實在他眼裡更黑些，妄想多於想像。他和五木寬之、井上廈同屬於三〇後作家，先後獲得直木獎，被現代文學大系收入一卷。三島由紀夫欣賞他，熟知二人的歌唱家美輪明宏這樣說：三島由紀夫生在官宦之家，衣來伸手、飯來張口，被動一輩子，羡慕像野坂那樣的人，為活命而掙扎，掌握了活下去的各種本事，能動地度過人生，但最終三島以自己動手切腹得以成為主人公。

野坂昭如走上文壇時日本已走出戰敗後的貧困，日益發展為經濟大國，但他自稱廢墟黑市派，擔當了記憶飢餓、講述戰爭的角色。去世前兩天交了一篇稿子，倡導反戰和平，因為不願看見孩子們飢餓的面容。

夏目漱石的心

一部小說，哪怕是名著，有人說好，也會有人說不好，這就是見仁見智吧。夏目漱石的《心》即如此，而且也像是時代使然，說不好的人似有增多之勢。已故評論家吉本隆明說：「在日本近代作家裡，要說唯一一個足以象徵明治以後所有問題的文學家，非漱石莫屬。」但小說家島田雅彥，六度入圍芥川獎未果卻當上芥川獎評委，幾年前看見他上電視說：「漱石作品中最討厭《心》。此外也有好作品，為甚麼唯《心》被大捧？國語教科書採用這個作品，所以大多數人都繞不過去。」同樣未獲得芥川獎、被島田譏為作品已落後於時代的村上春樹在哪裡說過：「若具體地舉出以前在文體上強烈吸引我的人，有菲茨傑拉德、卡波特、錢德勒、馮內古特、夏目漱石，此外還很多。」至於漱石《心》，有道是：「我喜歡漱石，但《明暗》和《心》怎麼也喜歡不起來。」

小說是小說家的武器，把自己的好惡寫進小說是常事，用來反黨也算不上一大發明。知道了村上春樹的看法，再讀被他從簡得沒頭沒腦的《山魯佐德》(見短篇小說集《沒有女人的男人》)就讀出對《心》的嘲諷，甚至要覺得他這個人長得挺樸實，卻有點蔫壞陰損——從事「援助活動」的山魯佐德每次做完愛，都要給羽原先生講一個故事，就像《一千零一夜》中的王妃山魯佐德；不過，王妃不講就要被殺掉，而村上的山魯佐德握有話語權。一天，講到她上高中時潛入暗戀的男生家裡，偷看他的筆記本。「他寫的讀後感也讀了。寫的是關於夏目漱石的《心》，那是暑假的必讀書。看來確實是成績優秀的學生，用漂亮的字工工整整寫在稿紙上，看到的地方也沒有錯字漏字。評分為『優』。當然的。用這麼好的字寫文章，甚麼樣的老師，哪怕根本不看內容，也會默默給個優吧。」

武田泰淳在日本近現代文學史上屬於戰敗後頭兩年出道的第一次戰後派作家，他說：《心》就是個習作，寫得也不好，人們讀它不過是因為容易懂。那樣的東西是日本精神之根本，這種想法非常使日本文化貧弱。

年代離夏目漱石更近的大作家谷崎潤一郎當然承認他了不起，但是不喜歡。說那個《心》讀了實在沒意思，其實有一半就夠了，只覺得囉哩囉唆地拖沓。漱石的作品也就到《從今往後》，往後就漸漸討厭了。

有一個叫小谷野敦的評論家，在野，看封底的照片，一副老煙槍的模樣，顯得髒兮兮，見解卻有趣，雖然可信度常有點可疑。他寫了一本《〈心〉真是名作嗎》，為世上的古典名作下判決，但文學作品並沒有普遍的價值基準，所以他說好說壞終歸是一己之見。不過，書名拉《心》的大旗，可見這部小說的影響足以當虎皮嚇人。小谷野這樣記述《心》的閱讀史：最近（《〈心〉真是名作嗎》出版於二〇〇九年）有人認為《心》是漱石的代表作，甚至也有人當作代表日本近代文學的作品論說，但是它發表之初被視為失敗作，直至戰敗，不大有人談論。戰敗後文藝評論家龜井勝一郎等人說它是描寫友情與戀愛的糾葛的青春小說，高中的國語教科書也採用，以至在夏目漱石的全部作品中，在龐大的日本近代小說群當中，讀者之眾漸漸無出其右了。

《心》是一百年前的作品。一九一四年(大正三年)在東京、大阪兩地的報紙《朝日新聞》上連載,隨即由岩波書店出版單行本。此書是岩波書店從舊書鋪向出版社轉身的第一槍,卻是漱石自費。那一年他四十七歲,前有《行人》,後有《道草》。此作分為三章:先生和我,雙親和我,先生和遺書。由兩部分構成,前兩章是「我」用切身經歷講述,最後一章完全是讀者跟着「我」讀先生寫的遺書。

——「我」在鐮倉的海水浴場呆看一個西洋人下水,結識了陪同他的先生。小說家言,起筆便隱含對明治知識人的態度。從某種程度來說,日本的近代化就是跟在西洋的腳後追趕,拿西洋的尺度量自己,是一個放棄自主性的過程。「我」回東京後經常造訪先生,對他的思想和學問懷有敬意。先生不相信人,「錢呀,我告訴你,一見錢,甚麼樣的君子也立馬變成壞人。」原來他讀高中(舊制)時叔父劫奪了父親留下的家業。「我被人騙過,而且是被有血緣關係的親戚騙了。我決不會忘。他們在我父親面前個個像好人,父親剛一死就變成難以饒恕的不義之人。我從小至今背着他們加給我的屈辱和損害,恐怕要一直背到死,因為我到死也忘不了。但我還沒有復仇。想來我現在所作所為超過對個人的復仇。我不光憎恨他們，還普遍地憎恨他們所代表的人。」

「我」回鄉探望父親的病，「父親時常說夢話了。『對不住乃木大將，實在沒臉見他，不，我也馬上跟在他後面。』」這大概是《雙親和我》一章中最重要的話。父親病危時「我」收到先生的遺書。寫道：他離開故鄉，發誓再也不見那叔父。在東京租住一戶日清戰爭遺屬的家裡，只有太太和小姐，以及女傭。「我第一次見到這家的小姐時，打招呼張惶失措，而小姐也紅了臉」。幾乎不消說，接下來就要搬演那個年代常見的故事，周作人留學日本也有幸遭遇的，男學生和房東的女兒相愛。先生在錢上懷疑人類，但是在愛上還沒有懷疑。故事的進展當然還需要攪局的，K出現了，他和先生是同鄉同學。但故事其實是三個男人的，女人們近乎道具，過去讀者感歎友情之崇高，而現在的讀者時髦地覺察同性戀意味。

K是真宗派和尚的次子，「在拘於義理這一點上，令人懷疑他有些像武士」。過繼給醫生家，來東京上學當然用的是養父母的錢。醫生的兒子要學醫，以繼承家業，但他不打算當醫生。先生「責問他，那不就等於欺騙養父母嗎？膽大包天的他回答：是的。說要是為了道，幹這麼點事也無所謂」。這種乖僻、固執大概為明治時代的青年所特有，恐怕也是思想上苦悶的表現。夏目漱石有個學生，叫藤村操，投華嚴瀧自殺，在潭邊的大樹上寫下「岩頭之感」，曰「萬有之真相唯一言以盡，曰不可解。我懷此恨而煩悶，終至決死」。再說K，終至寫信坦白了真情實況，養父大怒，不再供他讀書。兩年下來，艱苦的日子影響了K的健康和精神，先生請他搬過來同住。

「容貌也好像K討女人喜歡。性格也不像我這樣小肚雞腸，大概異性會中意。有男人樣，該馬虎的地方馬虎，該堅強的地方堅強，這一點也似乎比我有優勢。」先生擔心小姐屬意於K，滿腹醋意。「這種嫉妒不就是愛的另一面嗎？」然而，嫉妒折磨人，也把人變壞。K終於向先生說出他深愛小姐，雖然先生相信自己是生來具有那麼美好的同情心的人，但這時的他不同了。不再優柔寡斷，要搶在K的前頭下手，向房東太太提出娶她家小姐，得到了痛快的應允。K知道了，那種「超然的態度哪怕只是表面的也值得敬服」。但沒過幾天，他割斷頸動脈自殺，留下一封信，內容簡簡單單，「最後像是用餘墨添寫了一句文言，意思是本該更早點死，為何活到了今天」。

先生和小姐結了婚。房東太太和小姐看起來確實很幸福，先生也是幸福的，然而，先生寫道：「我的幸福裡伴隨着黑影，我想這幸福不就是最後把我帶到悲慘命運的導火索嗎？」

「盛夏的暑熱裡明治天皇駕崩了。那時我覺得明治的精神始於天皇而終於天皇。我們受明治的影響最深，往後活下去畢竟落後於時勢，這種感覺猛烈地撞擊我的心。我露骨地對妻這樣說了，妻笑了笑，置之不理，但不知想到了甚麼，突然跟我開玩笑：那就殉死好了。」

「我幾乎忘記了殉死這個詞。因為是平時用不着的字，像是沉在記憶底下就要腐爛了。聽妻笑談才想起時，我對妻說：假如我殉死，就要殉明治精神。當然我的回答也不過是笑談，但那時我的心情有點像是給陳舊不用的詞語賦予了新的意義。」

「大葬的晚上我像往常一樣坐在書齋裡，聽見出殯的號炮。對於我來說，那聽來像是明治永久逝去的宣告。過後想來，那也成了乃木大將永久逝去的宣告。我拿着號外，不禁對妻說，殉死了殉死了。」

被叔父竊走父親遺產所產生的不相信人，為爭奪女人而背叛友人以致他自殺的良心苛責以及贖罪，明治天皇駕崩而醒悟自己是落後於時代的人，使先生決心自殺，死前給「我」寫了這麼長的自述。

漱石寫《心》兩年前的一九一二年發生陸軍大將乃木希典攜妻為明治天皇殉死事件。當時一些輿論認為殉死有悖於時代，是荒唐行徑，而文豪森鷗外利用歷史故事把這個事件寫成小說《興津彌五右衛門遺書》，為乃木辯護。同樣是文豪的夏目漱石也肯定乃木之死。小說中的人物有「我」、「先生」、日清戰爭的遺孀「太太」和房東家「小姐」，唯有這位小姐即後來嫁給先生的「夫人」有名字——「有時候不喊女傭，喊夫人。（夫人的名字叫靜）先生總是轉向紙屏，喊『餵，靜』。那叫法在我聽來是親切的。」乃木夫人的名字就是叫「靜子」。

諾貝爾文學獎得主大江健三郎也在他二〇〇九年出版的長篇小說《水死》中批判《心》，說先生自殺是個人問題，夏目漱石卻把它跟「明治精神」、「殉死」聯繫到一起，「不合乎邏輯」。

甚麼是明治精神呢？文學評論家江藤淳著有《漱石及其時代》，他也被視為以明治國家為理想的正統保守派，在《明治一知識人》中寫道：「明治天皇晏駕與乃木大將殉死這兩大事件之後，漱石突然醒悟所謂『明治精神』在他的內心沒有完全死絕。此刻那偉大時代的全部價值體系的影子從漱石的陰暗的、充滿苦惱的過去浮起來，如同過去愛的人的幽靈向漱石微笑。幽靈或許這樣說：『跟我來。』漱石點頭。他知道自己的一部分恐怕要用小說主人公的形式殉『明治精神』。」

在江藤淳看來，明治精神是明治這個時代的全部價值體系，又是與武士道精神相關的傳統的克己倫理。另一位評論家松本建一則認為，漱石說的明治精神是跟明治一起開始的自由與獨立的個人性精神，但背面必然貼着孤獨的悲哀與懷疑的地獄。

人是需要有一點精神的，但是被他們說得如此高深，也就不想探究了。

夏目漱石自信《心》「能抓住人心」，單行本是他親手裝幀的。封面用《康熙字典》的「心」字解，引文是《荀子·解弊篇》所言：「心者，形之君也，而神明之主也」。小說起初叫「先生的遺書」。我喜歡讀的是《先生和遺書》這部分，當作一個完整的作品讀。但這個小說是給報紙寫的連載，有了《先生和我》《雙親和我》的冗長才能夠連載三個多月，計一百一十回，猶如京都的町家要穿過鰻魚般細長而幽暗的甬道登堂入室。

《新青年》

「新青年」是一本雜誌，上世紀的人很耳熟，雖然也未必能詳，或許只知道那上面刊登過一篇關於體育的文章。陳獨秀一九一五年創辦，曾寫道：

本誌社員中有多數人向來主張絕口不談政治，我偶然發點關於政治的議論，他們都不以為然。但我終不肯取消我的意見，所以常勸慰慈、一涵兩先生作關於政治的文章。在他一方面，外邊對於本誌的批評，有許多人說《新青年》不討論政治問題，是一個很大的缺點。我對於這個批評也不能十分滿足，曾在《我的解決中國政治方針》演說中回答道：

「我們不是忽略了政治問題，是因為十八世紀以來的政治已經破產，我們正要站在社會的基礎上造成新的政治；我們不是不要憲法，是要在社會上造成自然需要新憲法的實質，憑空討論形式的條文，是一件無益的事。」因此，可以表明我對於政治的態度，一方面固然不以絕口不談政治為然，一方面也不願意和一班拿行政或做官弄錢當作政治的先生們談政治。

這個雜誌的碩果之一是產生了魯迅。他說：「我做小說，是開手於一九一八年，《新青年》上提倡『文學革命』的時候。」

又過了兩年，一九二〇年日本最大出版社博文館也辦了一個雜誌叫《新青年》，從中產生了很多偵探小說家，如江戶川亂步、橫溝正史、牧逸馬、夢野久作、久生十蘭，對日本偵探（推理）小說的發展卓有貢獻，以致人們以為它是偵探小說的專門雜誌。其實，《新青年》是綜合性雜誌，漫畫、體育、服飾無所不有，偵探所佔篇幅始終不超過二三成。創刊初衷是教養類，讀者對象鎖定了農村青年。時當第一次世界大戰勝利，日本撈到殖民地，需要人們去佔據。日本沒有中國特色的分家傳統，明治憲法規定長子繼承家業，女兒們一嫁了之，次子老三若不出去闖天下，就得給大哥當長工。《新青年》配合國策，鼓動年輕人「雄飛海外」。為吸引讀者，格外熱心地刊登當時正興盛的歐美偵探小說。松本清張十七、八歲時就是從《新青年》的翻譯作品知道了偵探的奇妙。

編輯雖認為日本原創比不上歐美，卻也期待翻譯給創作帶來機運。此時江戶川亂步的舊書店開到頭，上門向日本第一家私立偵探事務所自薦，卻未被採用，於是用自負的推理才能寫小說，一九二三年投給《新青年》，編輯驚疑這真是日本人的創作嗎？江戶川的《二錢銅貨》一鳴驚人，與小酒井不木的《戀愛曲線》（一九二六年）奠基了日本的偵探小說。橫溝正史當編輯三個月，一九二七年被用作主編，將明朗的現代風格和瀟灑的紈絝主義，與偵探趣味相調和，釀成了一種魅力。江戶川卻覺得「橫溝君主張的現代主義這個怪物把以往趣味的偵探小說趕到了實在尷尬的境地」，掉頭給《改造》雜誌寫《陰獸》。字數超出約定，被橫溝拉回《新青年》連載了三期，好評如潮。

日本搞戰爭，規制偵探小說，有專人審查江戶川作品。偵探衰微，一些作家轉而寫武打小說，但武打小說有宣揚武士道之嫌，戰敗後被佔領軍規制，偵探小說又得以復興。《新青年》卻幾經周折，於一九五〇年停刊，殘餘的博文館只出些筆記本、日記本，以至於今。

與海有約永不戰

山崎豐子寫完《約定之海》第一部，於二〇一三年九月二十九日去世。筆耕六十年，如其所願，「一直寫進棺材裡」。

這是一部戰爭小說，作為女作家，她要表達怎樣的思想呢？去世前兩個月所作《執筆之際》說得很明白：探求「不搞戰爭的軍隊」。然而，骨灰未寒，二〇一五年七月十六日眾議院強行通過了安保法案，日本從戰敗被解除武裝的「非正常」國家將復原為可以拿起武器打仗的「正常」國家。山崎的願望很可能落空。其實，從軍隊的本質來說，那也只能是一廂情願，正如小說中海上自衛隊一等海尉原田正當年進軍校便體認到「這樣的訓練基本以殺人為目的」。

山崎豐子素稱社會派，筆下很少有日本文學傳統的陰柔，充滿了陽剛之氣。近年來重新展開「戰爭論」、「戰後論」，改寫對「戰爭」的評價幾成潮流，這是她要寫戰爭的社會背景吧。「戰爭的主題縈繞我心頭。我是戰爭年代過來的，有一種非寫不可的使命感驅動我。」山崎生於一九二四年，就讀京都女子專門學校國文學科時曾穿上紮緊褲腳的勞動褲在軍工廠幹活兒。「我是磨子彈，磨了殺人的子彈」。她要告訴不知道戰爭的年輕人，戰爭究竟是怎麼一回事。

《約定之海》是山崎豐子的「戰爭與和平」。起初只打算寫過去的戰爭，主人公原型是酒卷和男，實有其人。一九四二年十二月襲擊珍珠港，駕駛特殊潛航艇出擊，因故障被俘。這種特潛是「人體魚雷」，同「神風特攻隊」一樣有去無回，共五條，十人搭乘，九人喪生，被宣揚為「九軍神」，只有這位帝國海軍少尉酒卷和男給美軍當上「俘虜第一號」。只求一死，寫下辭世歌：櫻花該散就讓它散吧，枝葉濡濕今日悲。但不知怎麼一來，他就變了一個人，勸阻後來的那些俘虜莫求速死，要活着回到祖國建造一個和平的日本。人們始終鬧不清日本投降後怎麼一來就齊刷刷變身為和平主義者，自不免懷疑其誠意。文學家像政治家或政治評論家那樣說事是文學的自殺，但我們不由得期待山崎能描述個人以及民族由戰爭轉向和平的心理與思想的軌跡。

人類歷史是「戰爭與和平」的反覆，「戰爭與和平」也是教人類最頭疼的難題。不是合久必分、分久必合之類的轉換，而是要消弭戰爭，永久和平。反對戰爭，立場及理由各有不同，例如比山崎豐子大一歲多的小說家司馬遼太郎當過坦克兵，他認為當時日本領導人是豬腦子，竟然用那麼落後的武器打世界。抨擊戰爭，歌頌戰士，不可能從根底上樹立和平觀。用殘酷二字煽情地反對一切戰爭，倒可能激起嗜血的變態。日本的和平本來不是自己爭取來的，而是戰敗的後果。文藝評論家小林秀雄在一九四〇年寫下這樣的話：「既然仗打起來了，不知甚麼時候必須拿起槍，到了那一天我會高高興興為國家拿起槍」。第二年他把「為國家」改作「為陛下」，戰敗後的一九五五年又改作「為祖國」。似乎日本戰敗七十年來就這樣偷偷變換着概念，用戰敗的殘跡展示自己對和平的熱愛，甚至讓浴血把戰爭扭轉為和平的人反倒灰頭土臉了。回顧戰爭，總結歷史，不能單是從勝者或敗者一方來看，需要有敵我雙方的復眼或慧眼。不過，搬起石頭砸了自己的腳，和搬起石頭砸別人的腦袋不是一回事。人民都是受害者這種話泯不了恩仇，而勝敗雙方坐在一起編歷史教科書終歸是一個噱頭。

山崎說：「我一向主張，二十一世紀的今天，只要寫小說就必須有現代性、國際性。」那麼，如何把過去的戰爭納入現代的視野呢？提供素材的專家告訴她：在東中國海、日本海，北朝鮮、中國已成為不能無視的存在，這時候海上自衛隊的潛艇是最有控制力的武器。「我尋找的主題這就成立了」，於是重新構思三部曲，第一部登場主人公是「酒卷和男」的兒子花卷朔太郎。二十八歲，二等海尉，冷戰終結的一九八九年他搭乘的潛艇撞沉遊覽船，淹死三十人，對海上自衛隊的信念發生了動搖。山崎豐子是絕對反對戰爭的，但不認可連專事自衛的武力都不能擁有。可是，自衛該如何界定並限定呢？酒卷和男受審時慷慨陳詞：因為美國等對日本實施經濟封鎖，不賣石油、棉花等，把我們逼進了別無選擇的地步，所以我和戰友出擊珍珠港，目的是擊沉戰艦。司馬遼太郎也主張在中國土地上進行的日俄戰爭是一場「衛國戰爭」。

山崎還計劃寫第三部。她生前提示了故事梗概：在美國最新銳核潛艇上受過訓的花卷朔太郎已當上艦長，這時中國核潛艇「漢級」入侵領海，政府擬下令「海上警備行動」，他予以反對。政治家策動，把花卷撤職，派往日本駐中國大使館當武官。他要讓這片大海成為鎮魂之海，靜靜地守護長眠的戰爭犧牲者。

山崎說她的「作品命在取材」。小說也需要客觀性，追求細節的真實，比如她依賴取材詳盡地描寫潛艇，但文學更需要虛構，以建起獨自的思想主題。她沒有寫出後兩部，倒像是有意留給讀者去思考。

坂上烏雲

《坂上雲》是長篇歷史小說，自一九六八年四月二十二日至一九七二年八月四日在報紙《產經新聞》上連載一千二百九十六回，單行本由文藝春秋出版社出版，計六卷（廉價便攜的文庫版為八卷）。

這部小說是司馬遼太郎「最上膘（年富力強）」年代的作品，被視為司馬文學的代表作。評論家松本健一說：司馬在真正意義上被叫作「人民作家」，其實既不是寫《龍馬逝》大暢其銷的時候，也不是寫被很多文學家喜愛的《燃燒吧劍》的時候，而是寫了取材於日俄戰爭的《坂上雲》之後。

不過，小說家本人舉出自己的兩部作品，舉的卻是《燃燒吧劍》和《空海的風景》。

曾慧眼識村上春樹的文學評論家丸谷才一評價：「即便在司馬小說中，與取材於明治維新以前的東西相比，總的來說，處理近代日本的東西比較差。當然哪本書都有一部分優點，但作為整體，焦點曖昧，印象混濁。《坂上雲》《殉死》《如翔》，我都深有這種感覺。」

確如松本健一所言：司馬熱充斥了「沒有內容的追捧」，「那不是司馬遼太郎死後開始的，從生前就開始了。追捧不是批評——對文學家的文學性評價，而是基於其他標準的作文，譬如政治意圖或者搭他人氣的便車」。

評論家是評論家，一般讀者未必讀他們、聽他們。讀書的樂趣不僅僅在於讀，還在於自己去找書選書，或買或借。據說《坂上雲》各種版本加在一起，銷行二千萬餘冊。從閱讀史及影響史來說，司馬用小說給讀者造成的歷史印象和意識是史學家遠不能同日而語的。鼓吹改革歷史課的藤岡信勝說他讀了司馬的書，歷史觀為之一變，變成了「自由主義史觀」。

《坂上雲》描寫日本在明治時代興兵並獲勝的兩場戰爭，即日清戰爭（我們叫甲午戰爭）、日俄戰爭，主題是戰爭。關於書名，後記中寫道：「這個長故事是日本歷史上無與倫比的幸福的樂天家們的故事。他們忘我地參與日俄戰爭這一駭人聽聞的大工作。作為那種時代人的素質，樂天家們只盯着前面邁進。如果坂上的藍天燦爛着一朵白雲，那就只盯着它往上爬。」

司馬遼太郎生前再三拒絕把《坂上雲》改編為影視，因為擔心被解讀為讚美戰爭。這正是此書的微妙之處。作為歷史小說家，他對歷史的看法不成體系，卻有着司馬史觀的美稱，其一是戰爭觀。司馬去世後，遺孀福田綠（司馬遼太郎本名叫福田定一，二人曾同為產經新聞社記者）違背丈夫的遺志，同意將《坂上雲》映像化。據說她之所以置周圍的責難於不顧，怕的是作者死後五十年失去著作權，任人改編，不如趁自己活着，儘可能拍得她能替丈夫滿意。前些日子（二〇一四年十一月十二日）福田綠也去世，九泉之下見到先生或許破顏一笑就要問：你對戰爭到底怎麼看？

「實在小的國家要迎來開化時期」，小說就這麼開篇。

第一卷是勵志故事。明治年間地方小城鎮松山(在今愛媛縣)出了三個年輕人，秋山家哥倆兒，哥哥好古進陸軍士官學校，真之進海軍兵學校。明治維新後日本開辦了三種免費的學校：師範學校、士官學校、海軍學校，培養盡忠報國的人材，是日本教育的一大特色(二次大戰慘敗後，美國佔領軍把師範學校也給廢除了)。還有個正岡子規，跟他們是發小兒，志在當閣揆。他們眼盯着白雲往坡上爬。到了日清戰爭時，好古率騎兵大隊攻打旅順，真之乘巡洋艦炮擊威海衛，子規也不顧病軀，當從軍記者。他改革俳句，戰地也要吟或哼，一首「痛飲黃龍府」似的俳句鐫刻在石碑上，如今仍立在大連的金州博物館院內(本來是滿蒙開拓團一九四〇年修建的)。今年是甲午戰爭(日清戰爭)一百二十週年，闊起來的中國媒體接踵來日本尋尋覓覓，拍那些人家早已荒在草叢裡的戰利品，彷彿發現了祖上的珍寶，怕是也有點自找其辱。打贏了這場戰爭，一九〇二年正岡子規就死了，才三十五歲，此後《坂上雲》完全是戰爭故事。關於日清戰爭只寫了《日清戰爭》和《威海衛》兩章，着力描寫的是日俄戰爭。好古在滿洲大地擊敗哥薩克騎兵，真之任聯合艦隊參謀，獻策殲滅了波羅的海艦隊。回來祭掃子規墓，下起雨來，雨中的坂蒼茫了。

從雲到雨，從明治維新寫到日俄戰爭勝利，司馬遼太郎認為這四十年間是光明的，後來四十年就黑暗了。光明的明治，黑暗的昭和，這就是司馬史觀。日清、日俄這兩場戰爭使日本大放光明。他曾說：「日本人成為世界歷史上最滑稽的夜郎自大的民族就由於這場日俄戰爭的勝利」；「假如日俄戰爭打完了之後，有一種冷靜分析它的國民氣氛，也許其後的日本歷史就不同了」。日清戰爭以及十年後的日俄戰爭都屬於侵略戰爭，這是第二次世界大戰後日本史學界的定說。過去有一個流行的說法：日本要近代化，非打破以中國為主導的東亞國際秩序不可。上世紀八〇年代以來，學者們以實證的方法批判這種日清戰爭不可避免說。帶頭用筆桿子和大手筆捐錢支持戰爭的福澤諭吉把日清戰爭稱作文明日本與野蠻中國之戰，似乎一些中國人出於對滿清統治的厭惡也跟着學舌，但平心而論，當時的中國社會比日本文明。

司馬遼太郎構思五年，執筆五年，《坂上雲》的主旨就是翻侵略戰爭的案。他主張，明治年間的戰爭是衛國戰爭。一九七〇年在隨筆《從「旅順」考慮》中寫道：「日本發動了日俄戰爭，怎麼看也不像是侵略戰爭，那是要反彈侵略壓迫的自衛戰爭。雖然作為結果，取得了俄國支配下的滿洲權益和領土，也就是說，得到了就當時世界史環境可說是帝國主義果實，但發動戰爭本身，自衛戰爭的要素很濃吧。」

日清戰爭是近代日本發動的第一場戰爭。一八八四年中國在中法戰爭中失敗，日本趁機向朝鮮擴大勢力。朝鮮發生東學黨起義，請求宗主國清朝出兵鎮壓。一八九四年六月初，伊藤博文內閣也出兵八千，但沒有跟大清開戰的藉口，便命令駐朝鮮公使大鳥圭介製造事端。日軍和暴徒攻佔景福宮，活捉了抵抗的國王，拉出大院君建立親日政權。司馬遼太郎和寫過小說《日清戰爭》的陳舜臣對談時稱之為宮廷政變，但洋洋灑灑的《坂上雲》對日清戰爭的這個導火索避而不言。

當時我大清在日本人眼裡並非弱國。丁汝昌率定遠、鎮遠二艦訪問東京灣，震驚四島。旅遊日本，乘坐山陰本線，你也可能要「友邦驚詫」一下：車過明石，忽然鑽進了山裡，連軍港所在的吳市也不通。原來當年修建時害怕遭這兩艘巨艦炮擊，鐵路遠離了海邊。清海軍擁有八十二艘軍艦、二十五艘水雷艇，計八萬五千噸，多為舊式；日本軍艦二十八艘、水雷艇二十四艘，計五萬九千噸，多為新式。然而，清軍分為北洋水師、南洋水師、福建水師、廣東水師，各自為政，實際參戰的只是李鴻章的北洋水師和廣東水師三艦，計軍艦二十五艘、水雷艇十二艘，四萬四千噸。七月二十五日日艦吉野、秋津洲、浪速在仁川港外豐島海面先發制人，襲擊清軍巡洋艦。八月一日光緒皇帝發出宣戰上諭，第二天明治天皇才發出對清國宣戰的詔書，要「保護朝鮮獨立，維持東方和平」。日本偷襲美國珍珠港也是不宣而戰。九月十三日大本營從宮中移到廣島，百姓們看見今上御駕親征的光輝形象。

大清國戰敗。它也敗在誰都不把它當作自己的國家，沒人要保衛它，更有人希望借日本人的手推翻它。李鴻章一路風波，到春帆樓簽訂割地賠款的馬關條約。不到一星期，俄德法三國讓獅子大開口的日本把遼東半島退還給中國。日本掂量了一下自己，不敢不從，心裡認為是奇恥大辱，從此舉國上下的口號是臥薪嘗膽。還也不白還，清朝拿錢贖。從中日千餘年關係來說，日本這個民族的反噬是最狠不過的。日清戰爭始於一八九四年七月二十三日日軍攻打朝鮮王宮，經過日軍打敗清軍，清政府割讓台灣，當地民眾起而反抗，一八九六年三月末基本被鎮壓。日俄戰爭甚至被稱作第〇次世界大戰。日清戰爭的規模大約是日俄戰爭的三、四成，可能也因為兩國的歷史關係較為特殊，日清戰爭對於日本的意義總是被有意無意地低估。對於日本來說，日清戰爭的歷史意義或許更大過日俄戰爭，因為日清戰爭的勝利決定了日本後來的歷史進程。日清戰爭的勝利使日本從文化和精神上掙脫了大中華的陰影，而日俄戰爭的勝利使它躋身於列強之間。

日清戰爭之前，村公所優先考慮的是架橋修路，並不把懸掛天皇像多麼當回事，大勝之後忠君愛國的思想一下子深入民心。普通日本人本來把清看作東洋一大帝國，開戰以後圖畫歌曲一窩蜂地表現對中國的憎惡，俗謠罵李鴻章是個大混蛋。日本人鄙視中國從這時開始，至今也抱有這種心態，只是不公然了。在弱肉強食的世界，落後就要捱打。日本的國策是富國強兵，近代化即軍國化。訛詐清王朝總計二億三千萬兩白銀，其中八成用於擴軍。陸軍由七個師團擴編為十三個師團，海軍為六六編制（一萬五千噸的戰艦六艘，九千噸的巡洋艦六艘）。次則興業，開辦八幡製鐵所，並振興教育，在京都開辦第二所帝國大學。司馬遼太郎興奮地說：「在世界歷史上，有時民族會演出後世無法想像的奇跡般東西，大概再沒有像日本那樣從日清戰爭到日俄戰爭的十年間演出了奇跡的民族。」《坂上雲》好像講一個日本的民間故事，一隻猴子打敗北極熊。若沒有這麼一大筆讓李鴻章連叫「苛酷」的戰爭賠款，興許就不會有實在小的日本傾一國之力打敗軍事大國俄羅斯的奇跡故事吧。

司馬好議論，常常不是用文學形象說話，來一段「餘談」像電影的旁白，大發議論。與其說是模仿「太史公曰」，不如說他當過十六年記者，用的是深層報道加傳統評書的筆法。關於日清戰爭是甚麼，《坂上雲》中反覆地自問自答：

「日清戰爭是天皇制日本以帝國主義進行的第一場奪取殖民地的戰爭」，這個定義，第二次世界大戰後在這個國家的所謂進步學者之間通用，相當有市民權。或者說，「是對朝鮮和中國長期準備的天皇制國家侵略政策的結果」。

在這個故事中要下這個定義的必要只有一點點。為那一點點必要來說，沒有善惡，必須作為在人類歷史中的日本這個國家發展程度的問題來考慮。

認為帝國主義、自由、民權渾然是西方諸國的生命源泉，當然要模仿。西方的帝國主義已經有年頭，歷經劫難，複雜而老奸巨猾，曾經是強盜的化作商人模樣，時而變幻，甚至假扮成人道主義的姿態，而日本才剛剛開業，完全是手生，不靈活，慾望畢露，結果就有張醜惡的嘴臉。

總之，日清戰爭具有老朽透頂的秩序（中國）與剛剛新生的秩序（日本）之間所進行的大規模實驗似的性質。

必須觸及戰爭的原因了。原因在於朝鮮。並不是韓國或韓國人有罪，要說有罪，在於朝鮮半島的地理存在。

韓國本身怎麼也不行。李朝已延續五百年，秩序老化透了，可以說毫無靠韓國自身的意思和力量開創自己命運的能力。

司馬的這些說法，既有以自然地理為前提的地緣政治學邏輯，也有近乎上世紀八〇年代以後一度流行的殖民地近現代化論調。他還說：「日本既然由明治維新選擇了自立之路，已經從那時候起，就不能不攪擾他國（朝鮮）以保持本國的自立。作為一個歷史階段，日本必須固執於朝鮮。如果放棄這一點，只怕是豈止朝鮮，連日本也會被俄國吞併。這個時代國家自立的本質就是這樣的。」日本要自立於民族之林，乃至躋身於列強之間，本無可厚非，但是以侵略擴張為立足之本，他們眼盯着的，對於朝鮮、中國以及整個亞洲，只能是一片黑壓壓的烏雲。似乎這烏雲現今也未見消散。

歷史小說不可能完全再現歷史時代，但作者應尊重史學家的研究成果，慎重地取捨史料。司馬遼太郎在《坂上雲》第四卷寫《旅順總攻》《二〇三高地》的後記中自詡：「這個作品是不是小說，其實很值得懷疑。一是因為近乎百分之百地拘泥於事實，再是這個作品的寫手——我，選了個簡直寫不成小說的主題。」但實際上他更好為自己的論點找論據，隨意剪裁，大大降低了歷史小說的歷史價值，充其量是一部還算有趣的小説。他寫道：「打仗這件事的思想性善惡且不説，旅順兩次大量吮吸了日本人的血。」《坂上雲》與日清戰爭後陸軍參謀本部編輯的《日清戰史》一樣，對於日軍在中國的土地上屠殺中國人的血腥只字不提。

明治天皇在《對清宣戰詔書》中提及遵守戰時國際法，彷彿要打一場文明的戰爭，事實卻是日軍在旅順巷戰中大肆殺戮士兵和百姓。國際法學者有賀長雄從軍當法律顧問，目睹慘狀，記錄了「街上死屍大約有二千，其中五百乃非戰鬥人員」。上等兵窪田仲藏的《征清從軍日記》記述：「在旅順街上見人皆殺，屍體塞路，難以行進。」隨軍的歐美記者和觀戰武官瞠目於「混一殺戮」俘虜和包括婦女、老人、孩子在內的非戰鬥人員，質疑日本所謂文明戰爭。首相伊藤博文和外務大臣陸奥宗光一再抵賴，説被殺的不是無辜平民，而是脱下軍裝的清兵。《紐約世界》報特派員詹姆斯·克里爾曼來日本之初讚美日本文明化，但親歷了旅順屠殺，轉而批判日本文明徒有其表，本質很野蠻。

清政府傾家蕩產，賠款只好向俄法英德四國借債，俄國乘機把東清鐵路延長到大連，置中國東北於勢力範圍之內。隔海的日本覺得被威脅了，即所謂俄國南下政策。司馬很愛說，對談、演講的結集也足以等身；身高一米六，滿頭銀絲，眼神有一點詭異。死之前兩年的一九九四年，第Ｎ次講述自己的觀點：

> 日俄戰爭為甚麼發生，按照教科書的說法，基本是圍繞朝鮮半島問題的國際糾紛。關於朝鮮半島，當時日本的國防論認為它在地理形態上是對準我列島側腹的刀鋒。已經搞洋務運動逐步近代化的中國作為宗主國開始對這個朝鮮多方介入。日本對此很害怕，要發動日清戰爭。日本勝利，清朝姑且從朝鮮收手。像空氣進入真空地帶一樣，俄國進入朝鮮。俄國簡直像發現新天地的行為對於日本來說就是個恐怖。結果為趕走俄國折騰來折騰去，演變為戰爭。現而今想來，其後日本的近代由於過度意識朝鮮半島，犯了根本性錯誤。也可以有一種意見，那就是二十世紀初不理會朝鮮半島就好了。只要充實海軍力量，縱令朝鮮半島變成俄國的，或許也不是那麼可怕的刀鋒。可是，當時的人的地緣政治學感

覺，現在是無法想像的，已經嚇得不得了。不體諒這一點，就難以理解明治。譬如認為也能有不搞日俄戰爭的選項，但俄國刺溜刺溜地侵入朝鮮半島，來到日本眼前，終於涉及日本，還能忍耐，不搞戰爭嗎？如果忍耐，國民的精氣神兒不就沒了嗎？這要是沒了，國家不就滅亡了嗎？如今可以有滅亡也無所謂的觀點罷，但當時，擁有國民國家才過了三十多年。正因為國民還是新鮮貨，難以在自己和國家的關聯之外考慮自己。可以說，在明治的狀況下，日俄戰爭是衛國戰爭。

史學家研究表明，雖然尼古拉二世把日本叫猴子，說日本是野蠻國家，但他壓根兒沒想到這麼個落後國家敢跟俄國打仗。俄國並沒有南下朝鮮的意圖，或許當時日本人自己嚇唬自己，但司馬的威脅論就徹頭徹尾是後世為發動戰爭開脫罪責的編造了。似乎大和民族天然有一種莫須有的恐懼心態，總覺得周圍威脅它，它的近代化也像是對這種恐怖的民族反抗。《坂上雲》寫道：「那能量之一是恐怖，也許被外國侵略的恐怖以至引起明治維新，維新後擁有這樣的海軍。」司馬史觀得到保守知識人喝彩，例如比較文學研究家芳賀徹說：「司馬遼太郎出來，日俄戰爭才比較被正面評價，一下子改變了日俄戰爭觀。」拿右翼論點賣萌的藤岡信勝和西尾幹二在合著《國民的痲痹大意》中揚言：說日清、日俄兩場戰爭是侵略甚麼的，扯淡。

對於昭和年間的戰爭，戰敗後日本社會有各種反思，如發動那場戰爭是倫理錯誤啦，沒有大義名分啦，或者那才是正義的戰爭啦，從結果來說是解放亞洲各國所以有意義啦。司馬遼太郎毫不含糊地認為昭和年間的戰爭是侵略戰爭，但他撇開這些反思，無非批判那是一場不計後果地打了不計後果的戰爭，蠢到家了。在《從「旅順」考慮》一文中寫道：「從當時世界所謂強國的陸軍裝備水準來說，舊日本陸軍在日俄戰爭時最高，其後一天不如一天，大正、昭和變成了二流陸軍，而且軍人、國民把日俄戰爭的美麗神話當作事實，越來越增強世界無敵的絕對自信，這是近代世界史最滑稽的事情。攻入中國，跟當時說來五流陸軍國打仗，陶醉於勝利感，越發加深世界無敵的主觀世界。日軍的裝備只比織田信長時代好一點，靠的是大和魂。昭和十四年（一九三九）諾門罕戰役中關東軍幾乎拿出全部力量跟蘇聯的外蒙軍作戰，大敗於機械化的機動力和猛烈的火力，死傷七成，就是說十個人裡有七個，戰史上不見其例。即便如此，陸軍仍隱瞞事實到底，終於在太平洋戰爭末期激化到與世界四十多個國家為敵的不可思議的狀態。」司馬的戰爭觀無關乎正義與否，只考慮軍力、實力，總之，沒有金鋼鑽不該攬瓷器活兒。明治打了兩場勝仗，在他眼裡是光明的，但身歷其境的夏目漱石看來，「整個日本國無論看哪裡，光輝的斷面連一寸大小也沒有」。

司馬遼太郎說自己寫小說就是在寫「遺書」，主題是日本人究竟是甚麼，可見司馬文學是言志載道的。文學評論家谷澤永一也說「司馬在作品中暴露了日本人的特徵和缺點」。日本經濟高速度發展的年代司馬遼太郎寫《龍馬逝》《坂上雲》，寫歷史小說給上班族、經營者打氣。到了泡沫經濟時期，這些被司馬文學鼓舞的人把經營搞得不像話。知道了快活的歷史小說帶來甚麼，可能司馬愕然了。一九八七年出版《韃靼疾風錄》之後他放棄小說，專心寫隨筆。寫歷史小說需要大量地佔有資料，他常常把逸聞傳說直接寫進小說裡，也省得想像。例如外務大臣小村壽太郎個子矮，身材高大的李鴻章見到他，說：宴會上閣下最矮，日本人都像閣下這麼矮嗎？小村回答：遺憾，日本人都矮，當然也有像閣下這麼高的，但我國有一句俗話：高個兒缺心眼，不能託以大事。司馬一輩子住在大阪，委託東京的舊書商收集日俄戰爭的資料，有時給他成卡車送貨上門。十年後把這些雞肋賣給大阪的舊書店，那位老闆說：幹這行六十多年，那些資料裡沒有他沒見過的。

司馬遼太郎卒於一九九六年（一九二三年生），木已拱矣。

從恐怖到科幻

二十年前寫過一篇關於日本恐怖小說的短文，有這樣的一段話：

美國的迪恩．昆（Dean. R. Koontz）本來是二流科幻小說家，看見斯蒂芬．金（Stephen King）獨樹一幟，大暢其銷，於是也轉向「現代恐怖」，變成身手不凡的恐怖小說家。這兩位美國恐怖小說家是日本眼下正流行的現代恐怖小說「祖師爺」。所謂現代恐怖小說，往往都含有科幻的因素。似乎歐美作品多以物理學為題材，而日本作品的主流是生物學，即生物恐怖小說，如瀨名秀明的《寄生夏娃》（細胞內的線粒體變成怪物向人類挑戰）、梅原克文的《二重螺旋的惡魔》（人的脫氧核糖核酸中有內含子，似乎毫無用處，裡面卻封存着太古的惡魔）、中井拓志的《左手毒行》（把病毒作為機器人攜帶脫氧核糖核酸的行動程序對生物體內部施行管理）。其背景在於近年來生物技術、遺傳基因工程等自然科學飛躍發展，引人矚目。對於人來說，自己會變成甚麼，人變成非人，大概是最為恐怖的。

鈴木光司的「環界」系列小說大致也屬於生物學範疇。恐怖與推理這兩種類型小說都算是娛樂文學，而且是知識性娛樂。推理小說使人緊張，在迫近的危險中享受快樂，而恐怖小說讓人汗毛倒竪，那是一種肉體先於精神的恐怖，過後也破涕一笑，深思莫須有的現實。「環界」系列第一部《鏈（RING）》出版於一九九一年；這個小說以及據之改編的電影被譯作「鈴」乃至「午夜凶鈴」，可除了作者姓鈴木，哪裡也沒有鈴，真令人莫名其妙。鈴木光司好亮出兩胳膊肌肉，說練成這樣子是為了保護家庭，常被人當作體力勞動者，卻是在家裡做「主夫」。

志向當作家，上腳本學習班，給同學們朗讀的習作即這個《鏈》的原型。當初只是想寫得有趣和出人意外，似乎不曾考慮到利用「科學」。

《鏈》的連鎖起因於姦殺：長尾感染了天花，是日本最後的天花患者，「不知從哪裡湧起衝動，天花的發燒奪去了控制能力」，在南箱根療養所的樹林裡強姦了貞子。「行為結束，貞子用強烈的視線盯住我，仰着身支起雙膝，伶俐地用胳膊肘慢慢往後退。我再次看她的身體，以為看錯了：那皺巴巴的灰色長裙捲到腰際，也不遮掩露出的胸脯，陽光忽然照到她往後退的大腿根，清楚照見了黑黢黢的小疙瘩。抬眼看胸脯，那裡有形狀很漂亮的乳房，再低下視線，那裡，被陰毛覆蓋的恥丘底下長着分化發育很完全的睪丸。」長尾是醫生，知道這叫作「睪丸女性化綜合症」，俗稱陰陽人。兼具男女性器，是「力與美的完滿象徵」，貞子就是個長尾從未見過的美人，比他年長二十歲的田中醫生也這麼說。貞子具有特異功能，於是一句話飛進長尾的腦子裡：我要殺了你！長尾本能地自衛，掐死貞子，丟進一口老井裡。千里眼、意念之類的特異功能早在明治年間風行過，鈴木的想像則是把特異功能和天花病毒相結合，貞子的「怨念」附着到錄像帶上，誰看了誰死，也就是報復社會。無辜的人一個接一個死掉，而罪犯長尾將近三十年後還活着，開着長尾醫院，這種小說總有點「玩忽」人命。不消說，往下讀峰迴路轉，無非要破解錄像的詛咒，也就非藉助科學不可。

五年後（一九九五年）出版續篇《螺旋（RASEN）》，又過了三年（一九九八年）出版《環（LOOP）》，這三部作品構成了「環界」系列。大概並非有預謀，而是寫了一本又接着寫下一本，猶如那個關鍵詞「自我增殖」，即便把人物寫死了也可以找個說法讓他復活，自成系列。鈴木光司是文學系學法文的，不像瀨名秀明出身理工科，跟科研甚麼的完全不沾邊，以致外科醫生、小說家石黑達昌對於他正確地運用醫學知識，使專門學識昇華為故事，「常常覺得不可思議，幫助小說家的醫生參與編故事到甚麼程度呢？或者在構思階段幾乎是合著似的關係吧」。鈴木曾鳴謝醫生中野幾太，醫學領域的問題「託他的福，荒唐無稽的故事得以有些許現實感」。還說過：「和北野教授交往能得到莫大的啟迪，多麼荒唐無稽的詢問也迅速給予回答，若沒有他的靈活頭腦，恐怕就完不成《環》」。北野宏明被稱作日本研究人工生命第一人，鈴木家距離他的研究室不到五分鐘。

鈴木創作《環》之前閱讀科學書籍，獲悉了蘭頓（Christopher Langton）的研究。一九八七年蘭頓提出人工生命的概念——用計算機系統等建構交配、增殖、運動、攝食、學習、適應、進化等生命所具有的各種活動，進行模擬，以加深對現存生命的了解，弄清生命現象特徵的各種原理。鈴木「想知道生命到底是甚麼，包括人在內，世界會怎麼樣。加進科學知識也是這種願望的表現，即尋求答案，從一切角度來理解世界。」《鏈》用特異功能之類的怪異使人恐怖，而《螺旋》從醫學、分子生物學解釋，已偏向醫學小說。到了《環》，揭示《鏈》和《螺旋》的世界原來在超巨大的計算機內，人物都生活在假想現實的「環」當中，而病毒越出計算機程序與現實世界的境界而危及人類。「環界」系列越來越不恐怖，變成了 SF，即所謂科幻，用計算機的虛擬生命系統和基因工程技術的人工改造生物系統探究生命之謎，生命怎麼樣誕生，自己為甚麼在這裡，好生叫那些尋求恐怖與刺激的讀者失望。

《鏈》引爆現代恐怖小說熱，鈴木光司被封為「恐怖小說家」，但他本人不喜歡這個頭銜。英國作家瑪麗·雪萊被稱作 SF 的鼻祖，她一八一八年出版的的《弗蘭肯斯坦》是恐怖小說的先驅，科幻與恐怖本來是一回事。恐怖不是人造成的，而是對未知的恐怖。超乎想像的科學也令人恐怖。有時可怕的並非未知的怪物，反倒是越做出煞有其科學的解說越引起惶恐。科幻基於科學的想像描寫未來社會的人，尊重科學精神，不能無視或違反科學的基本原理，但不拘泥於科學的細節，與小說的情節構成表裡一體。科幻（Science Fiction）與奇幻（Fantasy）同樣是幻想的文學，但奇幻乃至魔幻不利用科學，而是玩魔術。一個國家的科學、技術、產業以及社會的發展和該國科幻文化的進化之間必定有某些關聯，日本戰敗後的《鐵臂阿童木》和《怪獸哥斯拉》是典型。科幻是拘泥於題材的文學，諸如宇宙（旅行、移民、外星人乃至戰爭）、時間（過去與未來，改變歷史或世界末日，富有哲學性廣度）、機械以及機器人與人工智能、異界和異維空間、改造人以至克隆人。科學尚不能解釋的現象，或由宗教闡釋，或由科幻作家加以描寫及解說。科幻是可能成真的夢，恐怖小說也並非噩夢。

鈴木光司把創作「環界」三部曲時割愛的細節展開來，又寫了三個短篇，一九九九年合集為《新生（BIRTHDA）》。十多年過後，二〇一二年出版《S》、二〇一三年出版《TIDE》，再續貞子，從「環界」系列來讀，似乎有蛇足之感。

詩人大岡信

大岡信去世了，享年八十六。

他是詩人，有巨星之譽。日本自古以來是詩國，可惜我們更看重它的漫畫。和歌、漢詩、俳句、歌謠、近現代詩，多種多樣，往昔說「詩」就是指漢詩，用漢語創作，相對而言，用日語寫的詩叫和歌，也單稱「歌」。明治年間學西方詩歌的形式與精神所創造的詩型叫新體詩，逐步發展為近代詩、現代詩，如今說「詩」大都是指它。大岡基本寫現代詩。上中學時開始寫，大學讀東京大學日本文學專業，畢業論文是《夏目漱石——修禪寺吐血以後》。以後進讀賣新聞社當記者，辭職搞詩歌雜誌，也當過教授，當過日本筆會的會長。他也是評論家，從文學到美術、音樂，涉筆廣泛。

一九七九年，日本數一數二的大報《朝日新聞》創刊一百週年，邀大岡開專欄。從一月二十五日開始，到二〇〇七年三月三十一日結束，天天見報，長達二十九年（時有間歇），計六千七百六十二回。常聽人誇日本人細緻，我卻覺得他們的最大民族性是持之以恆，正因為有恆，才能做到細緻。專欄叫《應時的歌》，起初在其他版面，後來挪到第一版，發生昭和天皇去世、歐姆真理教放毒等重大新聞時也巋然不動，這恐怕在世界上絕無僅有。上世紀八〇年代來日本，見報紙第一版有詩和新書廣告（不是遠方的新書喲），每週有書評版，大為驚詫。後來中國報刊的書評也多起來，而且凡事要做大做強，比日本有過之而無不及，但好像詩和新書廣告不曾上頭版，如今又聽說書評衰落了。或許這就是日本與中國的三大差別之一所致——日本萬世一系，而中國改朝換代（另兩個差別是單一民族與多民族，大陸與島國）。《萬葉集》收詩四千五百首，而《應時的歌》日積月累，積累成日本最大的詩歌選集。我很少讀大岡的詩，讀的是這個專欄。只有豆腐塊大小，不，一百八十字，充其量是臭豆腐塊。字有認識不認識的，一個一個讀下去，居然也跟着堅持十多年，大長了日本詩歌的知識，而那些頭條新聞都不過是煙雲之過眼。

開這個專欄的初衷是「造成日本詩歌的常識」。大岡信用詩人的感性、批評家的野性以及記者的手段從《萬葉集》、松尾芭蕉等古典到未出版的、小學生的、以時事為題材的、外國人的俳句、短歌、歌謠以及近現代詩、漢詩的片段選材，用一百八十個字的短文深入淺出做月旦評。引用作品不超過兩行，也多虧了日本的詩型之短。日本向來有歌壇、俳壇，基本是和歌或俳句愛好者圈子的自得其樂，大岡的選評好似「每天把一顆小石子投入讀者的心泉」，使詩歌走進大眾當中。他一向看重語言，認為「語言是敏感的活物，讓墮落的用法繼續下去，就會最輕易地變成惡劣的素材」。據他說，起初沒有傳真機，報社天天開摩托車取稿，他也不能長時間外遊，有了傳真機以後抱着一大堆資料去旅行。幾家出版社各自結集為單行本，岩波書店的十卷小開本把字數擴大到二百一十字，作者對報上刊登的原文又做了加工。

現代詩來自西方，幾乎與日本傳統是斷絕的，並沒有繼承關係。它鄰近小說、散文，甚至就是散文詩。仿照傳統的連歌、連句，從一九七〇年初大岡熱心地提倡「連詩」，還寫過一本《連詩的愉悅》。連詩跟我國古代的聯詩差不多，讀一讀《紅樓夢》裡的「蘆雪庵爭聯即景詩」就知道幾個人湊在一起，你一句我一句地即興作詩，有多麼好玩。大岡也和外國詩人連詩，當然需要有翻譯在場。莫非日本詩人都有點色，他告誡，「和外國人連詩，最好不要色，因為各國有各國的意思，宗教上也有各種意思」。

大岡信也連句；上一個人吟三句，字數為五、七、五，下一個人接二句，字數七、七，往下循環，總共三十六回叫歌仙，一百回叫百韻。一九七〇年代，文藝評論家丸谷才一吟道：給人打下手／翻譯夢露的傳記／日幣五萬元。大岡接：撲通一聲落下來／房檐上殘存的雪。夢露熱已經是二十年前的事情了。一九五四年美國女演員瑪麗蓮．夢露和棒球手結婚，應邀來日本旅行，突發胃痙攣，叫來指壓療法創始人浪越德治郎用指壓緩解，所以他是唯一觸摸過夢露肌膚的日本人，而且指壓的時間比通常長三倍，享盡了豔福。鬧不清丸谷用翻譯夢露傳記的價錢來形容夢露熱（當時他月薪一萬日元左右），還是他真的翻譯過。小說家石川淳說丸谷這句是苦心積慮的臭詩。大岡這句也不知是比喻夢露熱能融化房檐上的雪，還是暗諷一過性。一九六二年夢露在家裡全裸死亡，也有說自殺或者被殺的，大岡寫了一首《瑪麗蓮》。有云：「她兩眼陷沒／化作湖水／月光閃閃發光／像蟲子的大群／覆蓋一望無際的水面／漂浮的／膠片碎屑／那散亂的反射光／把血友病的好萊塢／浮上了夜空／流真的血而死／必須赤裸裸橫陳」。

他還有這樣的詩句：「夢像野獸的腳步悄悄地叩擊我們的房頂」；「活／那裡有甚麼不可思議／我的早晨裹在人們的早晨裡」；「掘起沙灘裡打盹兒的春天／你用它妝扮頭髮／你笑了／笑的泡沫像波紋散向天空／大海靜靜地溫暖草色的陽光」。大岡信和詩人谷川俊太郎同年（一九三一年生），在詩的進路上也大致同步，只是後者再而三地離婚結婚。俳人（寫俳句的詩人）長谷川櫂曾比較他們，說：谷川的詩接近散文，合乎語言的邏輯構造，而大岡的詩或者把語言的邏輯性聯繫割斷，或者把沒有關係的語言連起來，乍一看難以理解。語言不是建立在常識性邏輯上，需要先把它直感地切碎，再直感地結合。當年人們覺得大岡信的詩才是詩，大岡信才是真正的詩人，但當年的感覺和現在覺得谷川的詩易於理解的感覺幾十年裡錯位。對詩的感性在衰退，變得追求容易理解的東西。自己活在常識的世界，在用那常識來理解的範圍裡追求詩。

二〇一七年四月五日大岡信病故。八年前故鄉靜岡縣三島市那裡開辦「大岡信語言館」，他說過，他的詩的語言帶有「意思的尾巴」。如今很多詩就像禿尾巴狼，讀來沒意思，倒是很嚇人。

岡本太郎和藤田嗣治

岡本太郎有意思，據說鏡頭一朝向他，他就不由自主地瞪起眼睛裝模作樣。大作「太陽塔」立在大阪府的世博公園裡，久聞其名，特地去看了看，像一隻企鵝。自知太不懂藝術，找來一本他的自傳讀，以期能看出藝術的門道來，卻讀到這樣的話：

在巴黎做事，只是戰爭時期逃回日本協助軍國主義，戰後又若無其事地回法國去的人也多，我感到憤怒與輕蔑。不通情理、不負責任、簡單的機會主義，而且對此毫無自覺，確實是日本的。

立馬想到了藤田嗣治，覺得岡本太郎説的就是他，大概也因為剛好翻閱了《藤田嗣治寫給妻登美子的信》，二〇一六年八月出版，收錄一百七十九封信（有些明信片）。藤田是一見鍾情而結婚的，燕爾半年便赴法學畫，相約一年後登美子去。不料，一年後的一九一四年七月爆發第一次世界大戰。這些信就是他自一九一三年六月從歐洲寫給妻子的家書。

藤田嗣治的標準模樣是娃娃頭，圓圓的黑框眼鏡，一小撮髭，好象鼻子底下橫了一把牙刷，先給藝術之都搞個怪。島崎藤村也是一九一三年來到巴黎——把在他家當保姆的侄女搞出了身孕，放洋避風頭。作家做甚麼都不白做，島崎給日本報紙寫通訊，後彙編成書，被當作法國在大戰時期的珍貴史料。但藤田在一九一五年三月四日的信中寫道：「藤村的通訊也可憐，淨是些無聊的事，根本都沒有，知道巴黎的人都笑了。都是我們給他講的，材料呀，可是他心裡實在沒明白，所以一寫就錯了。」藤田夫妻一個為藝術不願回故國，一個因戰爭無法去他鄉，離婚似順理成章。信寫到至一九一六年十一月為止，轉年藤田憑畫家的眼光又一見鍾情了法國女人。全靠這位本來也想當畫家的妻子玩命地奔走，婚後不久藤田第一次在畫廊辨個展。

岡本太郎隨父母以及母親的兩個情人抵達巴黎是一九三〇年，藤田嗣治的畫已經和太郎立志要超越的畢加索並肩出展。《寢室的裸女西西》的「乳白色肌膚」震驚巴黎，據説塗的是滑石粉，用來造嬰兒爽身粉的原料。太郎一頭扎進了抽象藝術運動，創作《傷痛的手臂》。二次大戰又起，一九四〇年六月德軍佔領巴黎，岡本太郎和藤田嗣治前後腳乘船回國。藤田剔掉娃娃頭，就任陸軍美術協會理事長，以極大的熱情描繪戰爭。他寫過《製作戰爭畫的要點》，説「綜合所有畫題的東西是戰爭畫，風景、人物、靜物，一切渾然釀造出氛圍」。他畫給大眾看，不是要表現戰爭的悲慘，而是殺戮的壯烈。而太郎呢，回到日本一年後被徵兵，開赴中國戰場，直到一九四六年。他寫道：「軍隊生活四年，收容所一年，那五年裡我覺得像是被冷凍，我的人生從不曾那樣空空蕩蕩。」難怪他對於用美術來提振鬥志的藤田們「感到憤怒與輕蔑」。

不過，藤田嗣治並不是「若無其事地」離開日本的。一九四三年九月朝日新聞社協助陸軍美術協會舉辦「決戰美術展」，藤田嗣治出展代表作《阿圖島玉碎》；一九四五年十月朝日新聞上刊文，責問藤田嗣治等「美術家的節操」。一九四六年佔領軍下令清算軍國主義領導人，各界積極響應，甚至主動預備好「戰爭協力者」。美術界公認日本畫的橫山大觀和西洋畫的藤田嗣治是戰犯。藤田辯解：我比哪個日本畫家都畫得好，當然戰爭畫也是第一，但沒有協助日本法西斯，除了動動畫筆，甚麼都沒幹。美術界開列罪狀，説他畫壇的和社會的名聲成為軍國主義運動的大力量，對國民的影響極大。而且找上門，勸他自認戰犯，代表所有畫過戰爭畫的人向佔領軍當局投案。國民翻臉不認人，美國大兵卻仰慕這位自詡「本世紀代表世界的藝術家」，開着吉普來買他的畫，夫人們請他畫像，在戰敗後的廢墟裡他家有的是美國罐頭。藤田沒有被定為戰爭協力者，一九四九年離開日本，再沒回來過。七十九歲受洗，捨棄日本名，改稱列奧納多·藤田。手記中寫道：「生在日本不被祖國愛，歸化也不被當法國人待見……我是一個在迷途中結束一生的薄命畫家。」

美軍繳獲一批戰爭畫，運回美國，一九七〇年以無限期出借的形式歸還日本，收藏在國立近代美術館。岡本太郎的《傷痛的手臂》也是該美術館的藏品，戰敗後重畫的，因為從巴黎帶回國的作品在美軍空襲中都化為灰燼。以藝術的名義殊途同歸，歷史常教人尷尬。

東京的澀谷站那裡有一條長通道，一面牆上畫着一幅長三十米的壁畫，據説是岡本太郎最高、最大的傑作，叫「明日的神話」，與「太陽塔」同時創作。本來是墨西哥建酒店訂製，後來發生變故，被丟在郊外的材料堆裡三十年。修復之後恆久地裝飾在澀谷。聽人解説，描繪的是原子彈爆炸的瞬間，但人能跨過殘酷的悲劇，前頭有「明天的神話」。常見壁畫對面的窗前有遊客向外張望或拍攝站前行人如織的街頭，好象沒有人駐足眺望這幅壁畫，大概只感覺那面牆上塗了一片五顏六色。藤田嗣治的戰爭畫一打眼就令人震撼，無須像現代畫那樣需要畫家喋喋不休地詮釋，才似懂非懂了含義，或許就看出好玩來。人們往往更容易回頭看昨天的陳跡，而不是瞻望明日的莫測，這也足以讓岡本「感到憤怒與輕蔑」。

二〇一六年藤田嗣治誕辰一百三十年。前一年上映電影《藤田》，小栗康平執導，日法合拍。逛百貨商店，見畫廊有「藤田嗣治作品展」，都是些小畫，有銅版的，有木版的，印了一百張、二百多張，也有寥寥幾筆的素描草稿。喜歡一小幅水墨《菜花》，施以淡彩，小蜜蜂畫得像真的，標價六百八十萬日元。

邦子的名字

向田邦子雖然獲得直木獎，但在世上出名的並不是小說，而是電視劇。她寫電視劇腳本有大名，好像不少中國人也耳熟能詳。一九八〇年和志茂田景樹同時獲獎，有人曾抱怨，若不是評委山口瞳死乞白賴地推舉，向田得不上獎，得不上獎就不會第二年去台灣拍寫真集，不去台灣也就不會遇上空難。

據說英國名優、名導勞倫斯．奧利弗說過：「舞台是演員的，電影是導演的，而電視劇是腳本家的。」

向田邦子寫過這樣一件事：她給週刊雜誌寫隨筆，寫到了佈施的事。想起有一個導演姓佈施，便給他打電話，他正在拍攝向田編的節目。問佈施這個姓的由來，和廣結善緣的佈施有甚麼關係。答曰不知道。向田勃然大怒：你沒問過父母或者調查一下自己的姓嗎！對方趕緊道歉，說自己疏忽了。放下電話，向田回過味兒來，寫道：「惱怒的我也從未調查過向田這個姓的由來，沒問過父母。猶如生來就密切接觸的空氣，沒有特別注意過。」她躬身自問，卻毫無對導演抱歉的意思，看來電視劇腳本家確乎比電視劇導演高一頭。試想電影導演黑澤明正在拍戲，寫劇本的人打來電話問這麼無聊的事，不被他大罵一聲八格牙魯才怪呢。

向田邦子不喜歡自己的名字。經常說：向田這個姓，邦子這個名，筆畫少，好像拉窗上糊的紙剝落了，只剩下框架，真教人討厭。寫電視劇腳本之前，二十多歲給電影雜誌寫雜文，筆名叫「矢田陽子」——日本的「陽」字未簡化，比「邦」字的筆畫多了不少，但「矢」比「向」少了一筆。可也有人說，邦子這個名跟向田這個姓很搭配，但不適於其他的姓，日本女人嫁了人要改姓，所以年紀大了就會有煩惱。或許向田寫不下去的時候就在稿子上寫出很多的姓跟自己的名配來配去。不過，飛機失事時她五十一歲，一輩子未嫁。邦子有兩個妹妹，一個叫迪子，她覺得還可以，另一個叫和子，她認為父母偷工減料，給女兒起了這麼俗的名。

一九二六年改元昭和以後女孩兒都叫起了和子或昭子，哪個班裡都有三兩個。我覺得向田這個姓不錯，看着很通風透亮，而邦子，用中文念，總想到河北梆子。

電影是寫真之子，寫真動起來就是電影，而電視劇是廣播劇之子，先有聲，再加圖，長成電視劇。電視劇半天不出聲，你會以為電視壞了呢。所以，會話，也就是腳本，對於電視劇極為重要。寫腳本時台詞的頭上必須寫明誰說這話，主要人物喋喋幾十句上百句很正常，如果把人物叫森繁、馨甚麼的，一遍又一遍地寫，直寫得手腕生疼。向田邦子給人物起名儘可能簡單，例如《如同阿修羅》裡四姐妹，名字是「綱子」、「真紀子」、「多喜子」、「早季子」，但這是譯成了中文，其實除了「子」字，其餘她都是用假名。此外「艶子」、「富子」也如此。改編「小說魔術師」久生十蘭的作品《顎十郎捕物帳》，主人公的這個「顎」字可把向田邦子給煩壞了。

渡邊淳一文學館

北海道的首府札幌有一座渡邊淳一文學館，是安藤忠雄的設計，一九九八年開館。渡邊曾寫道，建立文學館是他在銀座酒吧認識的大王製紙會長井川高雄攛掇的。二〇一四年渡邊去世，兩年後文學館賣給中國的青島出版集團，看來我們不僅在他活着的時候捧他為大師，死後也比他的祖國乃至故鄉更愛他。據說文學館已成為中日友好的象徵，明年開館二十週年，又適逢中日簽訂和平友好條約四十年，不知會有些甚麼值得一看的活動。

我們的渡邊淳一是情愛大師，日本稱渡邊文學為「新情癡文學」。以前在長春編輯一本叫《日本文學》的雜誌，一九八四年給渡邊淳一做過專輯，刊登了小說《光和影》，由中國作家協會陳喜儒翻譯。後來書商崛起，遼寧某出版社翻譯了渡邊的《化身》等長篇小說，趕上反自由化，化作了紙漿。再後來香港一家出版社與內地出版社聯手，渡邊淳一二進宮，終於成氣候。

他是地道的北海道人，叫作「道產子」。北海道基本是近代以來開發的，傳統與因習比較少。渡邊父母從事教育工作。母親說：「喜歡甚麼都可以盡情地幹，但是要自己負責。」上中學時遇到一位好語文老師，教學生作文不要裝，不要怕羞。若沒有這位老師，淳一不會愛上文學。同班女生加清純子有繪畫天才，多次獲獎，被一些老師嬌慣。她不守紀律，淳一擔任班幹部，起初對她並無好感。純子突然夾紙條，硬要給他過十七歲的生日，從此好起來。跟她第一次進了當時屬於文化大叔們的咖啡館，第一次喝威士忌，抽煙，接吻，既有窺見大人世界的喜悅，又為超出高中生底線的墮落而不安。天才是社會的寵物，純子不過一少女，卻早早廝混在老男人的圈子裡。對於她來說，同齡男人太幼稚，勾引淳一是想要毀掉這種好學生。她有點倦怠，有點玩世不恭，教會了淳一藝術世界裡平凡的常識性東西毫無價值。當淳一專心準備考大學時，純子在所有跟她有關係的男人家門口放一朵康乃馨，然後乘火車去阿寒湖，三個月後冰雪消融，在針葉林邊發現她的屍體。淳一考上札幌醫科大學，某日下課後被內科學教授叫了去，告訴淳一，他也和純子有交往。教授把純子送給他的自畫像轉送淳一，就展示在文學館裡。還展示着純子寫給淳一的情詩。實物證明着初戀的真實，但渡邊常談他高二時和純子不滿一年的相戀，往事不僅沒有隨時間風化，反而越講越清晰，簡直像炫耀，令人懷疑是不是他寫了小說《死在阿寒》之後生成的假象。

渡邊作品有三類：醫學、傳記和男女之事。俗不可耐地叫作男女之事，因為他認為所謂戀愛小說是年輕人的甜美故事，以精神為中心，而他要寫性愛，更大人的東西。對於小說家來說，寫男女也不無難處，那就是會傷到自己。妻子讀了怎麼辦？父母、孩子、鄰居讀了怎麼辦？渡邊說，不跨越多慮不安就甚麼也幹不了，沒有拋開周圍束縛的氣概就寫不來。他把女人帶回他媽家，過兩個月又換了一個帶回來，母親照樣招待，女人卻不好意思，他媽說：上次那個女的吃得很多呀。她教子：「你的亂搞治不了，因為不是病。」大概妻子對渡邊是嫁狗隨狗，不離不棄，當婆婆的只好不斷替兒子道歉。

寫男女之事，第一部作品是《一片雪花》。渡邊當過十年外科醫生，認為肉體的狀態無限地改變精神，而精神改變肉體少之又少。小說暢銷，搞這種華麗婚外戀的人被叫作「一片族」。寫到《失樂園》達到了巔峰，愛的極致唯有死。小說家常常用隨筆來挑明真相或闡釋思想，他寫道：男女之事這種類型小說若沒有實在的男女模特就寫不來，谷崎潤一郎、川端康成、吉行淳之介皆然。大概女模特不斷更新，而男模特始終是渡邊本人。他不寫自傳，說是都寫成小說了。《失樂園》也是他的豔遇，女方乃有夫之婦，三十七歲，丈夫是醫生（渡邊也說過是稅理士，大概不曾在意過）。作家水上勉評價它「繼承了貫穿於谷崎潤一郎文學的極盡男女之間性愛描寫的方法，創造了近松門左衛門的私奔現代版」。

二〇〇三年，七十歲的渡邊淳一榮獲紫綬褒章。當時的總理大臣是小泉純一郎。證書有曰：「多年來作為小說家精進，發表了很多優秀的作品，為斯界之發展做出貢獻，業績卓著」。老渡邊卻大為驚訝，一向主要寫男女之事，反公序良俗的小說也不少，竟然也入了「正人君子」之列。他認定，要寫出人的真正姿態，就只能這麼寫。他的全部作品統一於對「人」的探求。

寫稿用鉛筆，隨着年歲由二B到四B逐漸變軟。七十三歲寫完《愛的流放地》時發覺自己性無能了，偉哥也不起作用，後來在電視節目中昭告天下。把陽痿的體驗與思考寫成《再愛一回》，意圖從根子上顛覆日本人關於老的固定觀念，這是他最後的小說。二〇一二年同時在十九種報紙上連載，性描寫過分，被十六種報紙腰斬。也有人指責他用文學包裝兜售黃色小說。渡邊文學的話題常是性描寫，那麼，與肉慾的黃色小說（日本叫「官能小說」）有甚麼不同呢？或許首先在於出發點。渡邊就《再愛一回》事件辯白：「我想給實際上騷亂而無聊的社會投一石，積極地把握老的問題，充當建構多彩而豐富的人際關係的起爆劑。要寫成一部以往沒有的、尖銳地追究人生與性的深遠的作品。」而黃色小說是泄慾起爆劑。從黃色小說來看，渡邊的露骨描寫如同兒戲。以永井荷風為例，他的《墨東綺談》讀來感人，而《四疊半紙隔扇的襯紙》的動機是刺激淫慾，對此小說家吉行淳之介說，打算寫黃色小說，結果比黃色小說寫得好，就變成藝術的東西。

二〇一五年集英社創辦渡邊淳一文學獎，表彰超越純文學與大眾文學界限、深深切近人的心理、具有豐潤故事性的小說。

大谷崎的大

谷崎潤一郎生於一八八六年，這一年中央公論社創業，二〇一五年紀念他誕辰一百三十年，並慶賀建社一百三十年（一九九九年被讀賣新聞社收購，改稱中央公論新社），自五月出版《谷崎潤一郎全集》。這是該社第四次出版谷崎全集。一月一卷，歷時兩年，二〇一七年六月出齊，總計二十六卷。最後兩卷收錄了長達三十年的創作筆記、一九五八年至一九六三年的晚年日記等未發表過的資料，作品比上世紀八〇年代初出版的谷崎全集增收一百五十多篇。

「全集」是日本出版的一個品種，集而不全。用三島由紀夫的話說：「全集之類不齊全才有味，這種徒然草的思想現在還活着，日本人奇怪地珍重零零碎碎的東西。」全集有助研究，卻未必適於一般閱讀。個人全集順年代編，能梳理作家的創作背景和風格演變，縱觀成就，分類通常按體裁，小說、隨筆、日記甚麼的，倘若以內容歸類那就難了。尤其是隨筆，甚至以東拉西扯為能事，不易定於一尊。作家、編輯家止庵曾批評《周作人文類編》：「這種編法未必可行。因為每一類別背後都是一門學問，須得深入理解，才能將一篇文章置於合適位置；作者寫文章又往往是打通了的，很難歸在某一類裡；至於查找不易，尚屬次要。」隨手翻閱，例如《夜讀的境界》卷所收為「生活．寫作．語文」，但其中的《茶之書》《老年》等篇似收入《日本管窺》卷更合適。雖然《老年》當中有少半抄中國文章，但那是要說「中國文人中想找這樣的人屬不易得」，而這樣的人是兼好法師和芭蕉，整個是管窺日本。

日本還愛搞日本文學全集乃至世界文學大系甚麼的，頗有點梁山好漢排座次的意思。中央公論社建社八十週年時計劃出版《日本的文學》八十卷，編委們提議給谷崎編三卷，他說「夏目漱石也三卷的話」，於是這二位是三卷，森鷗外、永井荷風等人各二卷。也要給川端康成來二卷，他固辭，結果就一卷。

三島由紀夫把谷崎潤一郎出道到去世的這段歲月稱作「谷崎朝代」，但當代評論家小谷野敦對谷崎的作品並不是全面地予以高度評價，認為他未能像莎士比亞或巴爾扎克那樣廣闊地描寫人間。谷崎一生很坎坷。他情癡、惡魔、唯美，沒有夏目漱石或志賀直哉那般的道德高度。初期抵抗自然主義，中年時期受普羅派攻擊，讓妻事件、與有夫之婦私通而備受社會非難；生活總算安定了，戰爭期間又遭到軍政府鎮壓，強項不屈，埋頭寫長篇小說《細雪》；戰敗後被當作猥褻文學家批判，但相信自己，有時用一些巧妙得可怕的策略，始終作為一線作家活過來。傳聞東京大學教授不願讓學生讀谷崎的作品。

小谷野敦讀書多，八卦也知道的多。十年前寫過一本《谷崎潤一郎傳》，說：很多的傳記研究都是為理解作品、文學，而他要寫一個碰巧當作家的饒有趣味的人物。試圖研究人，有時就顯得很八卦，但八卦是文藝的源泉之一。日本最偉大的文學作品《源氏物語》就是宮廷八卦的文藝化。

關於谷崎的八卦之一是「大谷崎」這個稱呼。

日本的漢字大都至少有兩個讀音，例如山，一個音讀，讀 san，一個訓讀，讀yama。若只有一種讀法，這東西十有八九是日本原來沒有的，例如馬、茶，都是從大陸傳入。中國普通話裡把大永遠讀大，大谷崎是偉大的谷崎，還是谷崎家老大，曖昧不辨。三島由紀夫寫道：「讀大谷崎（按：排行老大）是輕薄的讀法。和大近松同樣，要讀大谷崎（按：偉大）。谷崎這字面也好，語感也好，當初起名就為了加一個大字似的。谷崎有一流趣味，本人曾說過從年輕時就只給中央公論寫。風聞他近年也是請一流國手的主治醫生。吃食、點心，好像日常生活如今還全都堅持一流趣味。」凡事唱反調於是就有了與眾不同的主張的小谷野敦主張：潤一郎是大谷崎，他弟弟是小谷崎。評論家丸谷才一則兩可：「他被尊敬為大谷崎，也因為作風華麗、生活豪奢，但不僅於此，也有單純區別谷崎的用意。他的弟弟谷崎精二是早稻田大學教授、英文學家，也寫小說。」我覺得文學地位抑或社會名氣，精二哪裡能跟太郎論大小。

三島還寫道：「芥川龍之介的自殺，據我的獨斷，恐怕給谷崎的生活方式以逆影響。芥川之死的逆作用也一點一點地投影在大正時代（按：一九一二至一九二六）作家的甚麼地方。谷崎看見芥川失敗，肯定用天生受虐狂的自信唧咕：『要是我的話，更一直一直地好好失敗，那樣來永生。』實際上關於藝術家的失敗的如此自明、如此平庸、如此必然的歸結，沒有人像谷崎那樣聰明地處身。不戰而敗，吃美味佳餚而且永生就好。人生之初他就深知一切戰鬥之中潛藏的、對於藝術來說是虛偽的性質。」

一九五八年某日谷崎揮毫寫字，右手發麻，日益嚴重，遂改用口授的方式寫作。找來伊吹和子，得心應手，中央公論社還特地錄用她為社員。後來三島由紀夫對伊吹說：你怎麼不寫寫谷崎呢？伊吹為難：寫甚麼呀？三島說：啥都寫，他的吃喝拉撒睡。早上起來說早上好，晚上蓋被睡覺，這麼有意思的事知道吧？谷崎死後三十年，伊吹寫了《谷崎潤一郎最後十二年》。

谷崎口授了《夢浮橋》，發表在《中央公論》雜誌上。被評論家臼井吉見痛批，向來不在意批評的谷崎也覺得口授終不如親自執筆。《瘋顛老人日記》也是口述的，小說中老爺子的瘋癲願望就是用兒媳颯子的腳印做佛足石，死了壓在這石頭下面，小說發表後，谷崎真的讓颯子原型渡邊千萬子（谷崎第三任妻子松子和前夫之子的媳婦）拓下腳印，把藝術落實到人生中。不過，千萬子和尼姑作家對談，說谷崎騙她，說是給她做皮鞋。

一九六五年七月三十日谷崎病故，享年七十九。死後著作權惠及遺屬五十年，從二〇一六年一月一日他的作品就可以任人取用了。

從枕草子到村上春樹

中國的經濟已經是世界第二了，但好像文學還沒大走出國門，反而外國的文學進來得更加洶湧。說到日本，常說它經濟發展停滯二十多年，但我們不僅愛看它的漫畫，也愛讀它的小說，例如村上春樹、東野圭吾。日本小說的確不得了，他們說《源氏物語》是世界上第一部長篇小說，至少已問世一千零八年。近代以來學西方，到了現代就有川端康成、大江健三郎先後獲得諾貝爾文學獎，對村上春樹獲獎的猜測也連年不斷。聽說某中國作家說，像莫言那樣的作家中國有好多個，日本人也說這種話。日本有很多好作家。

日本人全盤接受了西方的觀念和審美以後，隨筆被等而下之，但我還是愛讀隨筆。日本文學的傳統在隨筆，隨筆有真正的日本味兒。就日本來說，隨筆是文學的神髓。讀日本小說會覺得跟我們的小說不一樣，別有風味，原因之一即在於隨筆性。例如夏目漱石的小說《我是貓》很有隨筆味，永井荷風的小說《雨瀟瀟》《墨東綺譚》可以當隨筆讀。村上春樹的小說也帶有隨筆式的敍述腔調。

散文，我們用這個詞有兩層意思。一是與韻文相對而言。日本的史書《古事記》《日本書紀》、小說《源氏物語》、隨筆《枕草子》就屬於這種廣義的散文。好像中國自古詩與文齊頭並進，但是在歐洲，韻文發達早，到了十八世紀散文才終於可以跟韻文比肩，十九世紀以後散文的兩大樣式是小說和隨筆。這個隨筆，我們也叫作散文，這就是散文的第二個意思，狹義的散文，不僅相對於詩歌、戲曲，也相對於小說而言。日本不用狹義的散文，他們就叫作「隨筆」。

明治維新，日本人覺得自己就只有不文明的野蠻與不開化的落後，唯西方馬首是瞻。按照西方文學的表現樣式把日本文學整理、分類，基本是削足適履。譬如《源氏物語》就成了世界第一部長篇小說，但讀一下就知道，雖然有鼻子有眼，但不是高鼻子碧眼，黃頭髮也是硬給它染上的。倘若有文化自信，還是叫「物語」

為好。近代以後講文學以小說為中心，不是根據日本的文學作品寫日本文學史，而是套用西方觀念編造文學史。

我們愛舊瓶裝新酒，顯得自己的文化很有點漢化或者同化的能力，散文一詞，近代以後納入了西方的概念，又用來說古代散文，自不免曖昧。日本在一九三〇年代把法語的隨筆（Essai）一詞譯作「小論文」，或者把整個評論叫隨筆。不消說，隨筆和論文不是一回事，論文是理智的抽象產物，隨筆是以主觀的體驗、生活感情為主的文學。也有人就譯作隨筆，但日本的隨筆寫花鳥風月的自然，或者日常生活的身邊記事、人生觀照，好像說閒話，而西方的隨筆本質上有哲學的、思想的根據。結果，日本人善於取巧，乾脆不翻譯，直接把西方詞語拿過來，叫エッセイ。憑日本人的模仿本事，越寫越像西方的「エッセイ」，真的不好再叫日本的「隨筆」了。如今這個外來語通用無阻，說兩個漢字很有點老氣。隨筆、エッセイ這兩個叫法具有時代感，這是日本使用外來語的奧妙之處。

隨筆一詞源於中國。南宋洪邁《容齋隨筆》最古老，基本是讀書筆記。洪邁在卷首寫道：「余老去習懶，讀書不多，意之所之，隨即紀錄，因其先後，無復全次，故目之曰隨筆。」這始終是隨筆的基本定義，讀書隨筆也一向是隨筆的大宗。日本文獻上最初使用「隨筆」二字的是一條兼良的《東齋隨筆》，他是十五世紀的人，此書是摘錄。江戶時代日本人對隨筆有了自覺，沿着歷史往上找，發現《枕草子》。中國隨筆與日本隨筆同樣地注重具體的知識，注重個別性，注重片斷，而西方隨筆注重抽象的思想、注重普遍性、注重全體，但無論東西，隨筆的本質必須是個人的、人格的。

西方隨筆的源頭是一五八〇年法國思想家蒙田所著《隨筆》。這個「隨筆」的原意是試論，可知蒙田那類隨筆是嚴謹的思考。蒙田的著作也影響了英國的思想家、文學家。培根一五九七年出版《隨筆》，蘭姆一八二三年出版《伊里亞隨筆》，隨筆形成了一個文學樣式。比較而言，蒙田是思想隨筆，近乎論文，當然較為隨意，不像論文那樣往深裡挖掘，追究到底，而《枕草子》是生活隨筆，寫日常的觀察、感受。同樣寫自己，蒙田寫出了哲理，既有主張，也有批判，而清少納言熱衷於感慨人生，這可能與當時盛行佛教有關。

芥川龍之介把日本過去的隨筆分為四類：陳述感慨的，記錄逸聞的，進行考證的，以及藝術小品。沒有屬於蒙田隨筆那類的。

日本隨筆裡有一個大類，那就是日記，這在世界文學中也比較特別。隨筆本來是生活體驗、讀書心得之類的日記，但是和日記還是有區別。一般來說，隨筆為讀者而寫，日記是自己跟自己說話，被發表是偶然。古代紙貴重，有的日記寫在用過的紙張背面，沒有公之於眾的打算。近代女作家樋口一葉的日記中有的地方撕掉幹甚麼用了，並不期待為人所知。永井荷風的日記完全是為了發表而寫，他的《斷腸亭日乘》寫了四十多年，把自然現象、世俗人情都寫得很有藝術性。明治以後的日記文學，如樋口一葉的日記、石川啄木的日記，從藝術價值來說，都屬於他們最優秀的作品。

《土佐日記》是平安時代（七九四至一一八三）紀貫之在土佐當長官，任期滿了之後回京都，行旅五十五天的記錄。大概寫於九三五年，是日本第一部用假名寫的日記，也是日記飛躍為日記文學的里程碑。當時男人用漢文記日記，也可能紀貫之先用漢文記了日記，然後用假名創作了這個《土佐日記》。寫日記一般是晚上把當天的事記下來，其實是「回憶錄」，「今天如何如何」，這口氣就是在回憶了。對自己一天的所作所為進行回憶，並加以總結，這樣，日記並非純粹的事實記錄，而是被選擇過，思考過，加工過。因此日記中的時間是雙層的，也就是當事人分裂為兩人，一個行事，一個進行事後評價。

日記有史料價值。《御堂關白記》是一本古日記，從九九五年斷斷續續記到一〇〇四年，屬於國寶，二〇一三年被教科文組織登錄為世界記憶遺產。作者藤原道長是平安時代的貴族，他愛好文學，是紫式部等女作者的保護人，據説他也是《源氏物語》的第一讀者，經常到紫式部那裡催稿，而且是主人公光源氏的原型之一。

《枕草子》的內容也有相當於日記的部分。著者清少納言大約生卒於九六六至一〇二五年，當時女人不公然稱名道姓，「少納言」是官職，但不是她的官職，可能是她兄弟的。她出身「清原氏」，就在少納言前頭加一個「清」字，以免混淆。寫《源氏物語》的紫式部也是女流之輩，她父親藤原為時當過藏人式部丞，她叫藤式部。死後作品流行開來，其中有一個人物叫「紫上」，好事者給她冠了個「紫」字，九泉之下的她不得而知。

《枕草子》的「草子」本來是冊子，發生了音變，特別指假名書寫的書，後來指繡像小說之類的大眾讀物。從內容來說《枕草子》的草子可譯為隨筆，這個「枕」字則說法不一。清少納言在題跋中自述：有一年，大臣給宮中進獻了一些草子，也就是冊子，大概是用來抄寫《史記》的。清少納言說，要是賞給我，就拿來當枕頭。主子真就賞給她。她寫道：「我就寫了那許多廢話，故事和甚麼，把那許多張紙幾乎都將寫完了，想起來這些不得要領的話也實在太多了。」關於枕，日本研究者整理出八種說法，例如備忘錄，放在枕頭邊。

清少納言有一個很有名的故事，是學者研究白居易對日本的影響特別愛引用的故事，那就是她在宮中表演了白居易的一句詩：香爐峰雪撥簾看。她寫在《枕草子》裡：「雪在落下，積得很高，這時與平常不同，仍然將格子放下了，火爐裡生了火，女官們都說着閒話。在中宮的御前侍候着。中宮說：『少納言呀，香爐峰的雪怎麼樣啊？』我就叫人把格子架上，將御簾高高捲起，中宮看見笑了。大家都說道：『這事誰都知道，也都記得歌裡吟詠着的事，但是一時總想不起來。充當這中宮的女官，也要算你是最適宜了。』」這是白居易的一首七律，居然誰都知道，可見白居易當時在日本多麼有人氣。日本公派遣唐使及留學生，也有自費赴唐的，和尚惠蕚至少私自往復過三次。八四四年他在蘇州南禪寺費時一個月把白居易親自校訂的《白氏文集》抄了回去；白居易卒於八四六年。

大概清少納言長得不算漂亮，但有才，性格開朗。二十七、八歲時進宮服侍一條帝的皇后定子。《枕草子》比《源氏物語》早幾年出世，或許性格所致，《枕草子》像日本私小說一樣無所顧忌地寫出自己的秘辛，自道：「在別人看來，有點不很妥當的失言的地方，所以本來是想竭力隱藏着的，但是沒有想到，卻漏出到世上去了。」而紫式部一點都沒有留下對自己有損的文字。清少納言和紫式部這兩個女人開創了日本文學，使日本文學壓根兒有一種陰柔之美。不知是女人的緣故，抑或文人的緣故，兩人互不服氣。《枕草子》裡寫了紫式部丈夫的糗事，紫式部懷恨，在日記中大說清少納言的壞話。寫道：「像她這樣刻意想要凌越別人的，往往實際並不怎麼好，到頭來難免會落得可哀的下場。加以每好附庸風雅，故而即使索然無味的場合，也想勉強培養情緒，至於真有趣味之事，便一一不肯放過，那就自然不免出乎意外，或者流於浮疏了。像這般浮疏成性的人，其結果如何能有好的道理呢？」可能紫式部看見了清少納言的人生結局。皇后死後，清少納言出了宮，度過了落魄隱居的晚年。

傳說一群紈絝子弟驅車經過她家門前，說：就連那個少納言也沒有人樣了。她聽見了，露出像鬼一樣的臉，大叫：你們不知道千金買馬骨嗎？那些年輕人落荒而逃。看來她雖然落魄，心氣仍然高。清少納言好像寫和歌不大行，不如紫式部，但是有漢文素養。那種直觀的機智，極具個性的感覺，恐怕從古至今女作家無出其右者。紫式部在日記中寫道：「清少納言這人端着好大的架子。她那樣自以為是地書寫漢字，其實，仔細看來，有很多地方倒未必妥善的。」

《枕草子》的內容很難講，因為它留傳的各種本子有很大的差異，沒有一個定本。有人把內容分為三類：

一類是類聚章節，寫山川草木魚蟲，以及各種事，表明自己的好惡。例如寫難看：

> 難看的事情是，衣服背縫歪在一邊穿着的人。又把衣領退後，伸向

後方的人；公卿所用的下簾很是齷齪的舊車。平常少見的客人的前面，帶了小孩子出來。穿了褲的少年腳上躡着木屐，這個樣子現在卻正在時行。

這裡很有意思。穿褲子的人，光着腳穿一對木屐，呱嗒呱嗒走路，如今也可見。把衣領退後，露出後脖頸，是日本穿和服的裝束，人們讚歎她們後脖頸的曲線美，原來在平安時代這是很難看的。

第二類是隨想章節，觀察日常生活和四季自然，是一般的印象描寫，最具隨筆性。例如寫「雨後的秋色」：

九月裡的時節，下了一夜的雨，到早上停止了，朝陽很明亮地照着，庭前種着的菊花上的露水，將要滾下來似的全都濕透了，這覺得是很有意思的。疏籬和編出花樣的籬笆上邊掛着的蜘蛛網，破了只剩下一部分，處處絲都斷了，經了雨好像是白的珠子串在線上一樣，非常地有趣。稍微太陽上來一點的時候，胡枝子本來壓得似乎很重的，現在露水落下去了，樹枝一動，並沒有人手去觸動它，卻往上邊跳了上去。這在我說來實在很是好玩，但在別人看來，或者是一點都沒有意思也正難說，這樣替人家設想，也是好玩的事情。

那時日本人最喜愛的不是櫻花，而是胡枝子，《萬葉集》裡詠它詠得最多。第三類是回想章節，回想皇后周圍的宮庭生活，時間、地點很具體，感慨繫之，很像是日記，也具有自傳性質。例如寫「噴嚏」：

中宮（就是皇后）同我說着話，忽然問道：「你想念我麼？」我正回答說：「為甚麼不想念呢。」這時突然從御膳房方面有誰高聲打了一個噴嚏，中宮就說道：「呀，真是掃興。你說的是假話吧。好罷，好罷！」說着，走進裡邊去了。怎麼會是假話呢？這還不是平常一般的想念，只是那打噴嚏的鼻子說了假話罷了。到底這是誰呢，做出這樣討人嫌的事來的？

中國古時候也以打噴嚏為不吉。

從以上引文可以看出《枕草子》的特色，那就是充滿好奇心，細緻而敏銳地觀察，照實描述，生動有趣。整個《枕草子》都是在觀察，記錄作者的觀察以及感受，那種感受往往很獨特。清少納言是一個犀利的印象批評家，《枕草子》寫得很明亮，歡樂，好像在充分享受美的生活，沒有人生苦的陰影。隨處是新鮮、纖細的感覺美。與蒙田的隨筆比較，它不是思想性作品，缺少切實的反省與思索，幾乎不能從中汲取深刻的人生批評。

《枕草子》與《源氏物語》並稱平安文學的雙璧。平安文學有兩個審美，一個是《源氏物語》的「物哀」（もののあはれ），再一個是《枕草子》的「癡」（をかし），據說這是中學考古文最常出的試題。「物哀」是情緒的，「癡」是明智的，這種明智後來發展為機智，再變為滑稽，譬如能的狂言，以致現在說的可笑（おかしい）。簡單地說，兩者都是深受感動，就我的體會，一個是心裡感動，感動得要哭，一個頭腦感動，感動得直點頭。

以上的引文都引自現成的譯本。《枕草子》有周作人譯，有林文月譯，各具千秋。隨筆是文，沒有故事性，比小說難譯。周作人用當時的白話文，今天讀來有點隔，但他的文字真是老到，雖然直譯，卻像是隨手寫來。相比之下，林文月在遣詞造句上略顯青澀。林文月說：「周氏譯法，似較偏向直譯，執着於原文。例如原著中屢次出現之『おかし』一詞，譯文皆呈『有意思』，或『非常有意思』。事實上，『おかし』的內蘊相當複雜，既可解釋為『有意思』，又可解釋為『有情趣的』『可賞愛的』『引人入勝的』『奇妙透頂的』，或『滑稽可笑的』等等不同層次，甚至不同方向的意義，端視其上下文的氣氛醞釀而定。」我是主張直譯的，直譯更需要母語的功力，而意譯不執着於原文，有時會避重就輕，投機取巧。一個詞在一篇文章中不可能含義變來變去，之所以被譯得千姿百態，是出於中文的審美。我們寫文章講究詞彙豐富，而日本人作文恰恰愛一個詞用到底。譬如那位被我們封為情色大師的渡邊淳一很愛說「總而言之」，翻來覆去。這好像是通常日文修辭法，他們讀着也不煩。「おかし」一詞在《枕草子》中出現四百多次，周作人不為日本作者粉飾，使中國讀者能看到日文的特徵和風格。恐怕也只有周作人這樣的文章大家才敢這麼做，換了其他作者，擔心讀者認為他不會譯也說不定。

日本中世，也就是十二世紀末鎌倉幕府成立到十六世紀末室町幕府滅亡，盛行隱者隨筆。所謂隱者，很多是貴族的落伍者，非俗非僧，從現實退一步，有點距離地批判地觀察人生社會。沒有積極改造現實的熱情，消極地活着，或者說是消極抵抗。從藝術來說，傑出的隱者隨筆是大約十三世紀初的鴨長明的《方丈記》，十四世紀初的吉田兼好的《徒然草》。這兩部隨筆是動亂時代的產物。

鴨長明本來在鴨神社工作，對世事的變化深感虛無，遁世獨居。這種與自然為友的獨居生活是需要強大意志的。在深山裡搭一座一丈見方的茅屋，孤獨過日子，遠眺世間，談論自己的境遇。例如他寫道：

浩浩河水，奔流不絕，但所流已非原先之水。河面淤塞處泛浮泡沫，此消彼起，驟現驟滅，從未久滯長存。世上之人與居所，皆如是。

吉田兼好是貴族出身，公卿與武士激烈爭鬥，他逃離現場。與鴨長明相比，兼好藝術性趣味濃厚，也有很強的懷古情趣。《徒然草》的內容比較複雜，市井雜事，無所不寫，而《方丈記》較為單一。《枕草子》是感覺型隨筆，《徒然草》則是思索型，具有某種普遍性，雖然也有自然觀照，但特色在人事，處世之道，甚至被當作說教。兼好是日本式的人生批評家。歐洲隨筆就一個事件做邏輯解釋，或者展開人生批評，而兼好只乾脆地寫出事實，不予置評，別有餘韻。例如他寫道：

> 愛執之道，根深源遠。六塵之樂慾固多，皆可厭離。唯有惑於愛慾者，牽纏難斷。無論老幼智愚，盡皆如是。是故傳言云：「以婦人髮絲搓繩，大象能縛；以婦人木屐製笛，吹之可引秋鹿。」女色之惑，男兒當謹慎懼戒也。

用女人的頭髮搓繩，這倒是真事。靖國神社的遊就館裡有一堆黑乎乎的纜繩，是當年女人們支持戰爭，用頭髮編製的，令人毛骨悚然。《徒然草》被廣泛閱讀興始於江戶時代出了好些註釋書以後，近松門左衛門還以兼好法師為主人公寫了淨琉璃。有個叫廣瀨淡窗的寫了五言詩《讀徒然草六首》，讚賞吉田兼好的審美，有云：「四更山吐月，微雲綴細弦，幽光殊窈窕，何必賞團圓。」本居宣長則非難吉田兼好，那種花看半開、月看不圓的自然觀造成「後世自作聰明之心，故意往歪裡搞的風情」。

從對於江戶時代的影響來說，《徒然草》超過《枕草子》。《徒然草》裡三次提及《枕草子》，大概作者讀了《枕草子》大感興趣，佩服，共鳴，也有反對，於是坦率地寫出自己的想法。隨筆源遠流長，江戶時代尤為盛行，武士也寫，庶民也寫，多而雜。活字印刷的、版刻的和手寫的稿本加在一起，大概現存有五千餘種。多數是沒有付梓的手稿。初期說教性隨筆多，例如戰爭期間被捧為聖書的《葉隱》即屬於這一類。最多的是考據類，那時候小說是下里巴人，考據是陽春白雪，寫小說的，如曲亭馬琴、山東京傳，也都寫考據性隨筆。遊記類隨筆也很多，最著名的是松尾芭蕉的《奧之細道》。

日本人具有直觀的、藝術的性格和喜好，從一滴水感受宇宙，善於把日常生活給藝術化，把藝術給日常生活化，隨筆是最適於他們的表現樣式。從文學水平來說，明治時代的隨筆大大超過了江戶時代，尤具時代意義的是啟蒙性隨筆。最大的啟蒙家是福澤諭吉，文章平明達意，如《福澤百話》。文壇啟蒙家是坪內逍遙。在近代感覺及文學起步的時期具有浪漫精神的美文隨筆比較多。受西方油畫的手法和理論的影響，產生了一種以描寫眼前景物為主的寫生文，這個系統的隨筆以夏目漱石為代表，名家眾多。後來以科學隨筆出名的寺田寅彥也出自這一派。夏目漱石的《玻璃窗內》是晚年的隨筆，寫「則天去私」的心境，有人推崇這個隨筆是他全部作品中最精彩的點睛之作。

近代以來，一方面繼承傳統，另一方面引進西方隨筆的概念與知識，文學性內容與江戶時代以前大不相同，個別性變成個性、個人主義，拼命要寫出思想來。從明治進入大正，作家也愛寫隨筆，這類作家被稱作文人，擁有眾多的讀者。從大正後期到昭和前期，報刊發達，帶來了隨筆的興盛。一九三五年哲學家三木清在《隨筆時代》中寫道：「社會科學之後接着流行隨筆書，多少有點名氣的人誰都寫隨筆似的東西，或者被讓寫。這樣的隨筆流行對於我國隨筆文學的發達貢獻多麼大是個問題，但確實可以說，這樣的隨筆流行是與思想鎮壓一同產生的。」所以，有人說隨筆流行是批判精神高揚的一個文學性結果，這種隨筆應該具有思想性。甚至有人說，昭和時代是隨筆的時代。

現代小說家擅長寫隨筆的似乎越來越少見，例如推理小說家東野圭吾在隨筆集後記裡自認寫不來隨筆。村上春樹像武士一樣腰插兩把刀，長刀是小說，短刀是隨筆。我對小說不大感興趣，愛讀他的隨筆，寫得很實際，有生活，有日本味。例如在歐洲逗留三年，他寫了小說《挪威森林》《舞舞舞》，還寫了遊記《遙遠的大鼓》，思考何謂旅行，人為何旅行。在美國普林斯頓大學當客座研究員，正趕上海灣戰爭，記下一個日本人在美國的感受，即《畢竟可悲的外語》。而《渦旋狀貓的找法》相當於續篇，也是寫美國生活，「小確幸」一詞就是在這本書裡創造的。與其關心一些八竿子打不着的事，真不如每天抓住自己的小確幸，像一隻渦旋狀酣睡的貓。

村上春樹不記日記，回憶事情就翻閱他以前發表的隨筆。

零戰未歸於〇

本來沒想讀《永遠的〇》，因為從文學來說，這本小說不值得一讀，日本雖小，可讀的書多着呢。但說到「特攻」，堪稱世界歷史上獨一無二的奇葩的，舉一個變着法兒歌頌它的例子，《永遠的〇》卻是最鮮活。看報紙上刊登的照片，作者百田尚樹長得有點像暴力團，但這個〇畫得並不圓，未免像阿Q。不過，他本人是不怕人笑話的，內閣總理大臣也不計較，拿去為自己的國策作倀。

網上說，《永遠的〇》起初被多家出版社拒絕，二〇〇六年終於有一家三流出版社相中；它出版過《自殺指南》《自殺社團》甚麼的，或許把《永遠的〇》也歸入自殺系列。二〇〇九年最大出版社講談社摘桃子，印行文庫版。到二〇一四年七月累計銷售五百多萬冊，影響不可謂小。故事的背景是手機時代，姐弟倆得知爺爺死於特攻，便四處奔走，「收集戰爭體驗者的證言」——用中國話來說，就是聽老戰士講述那打仗的故事。可見，作者心裡裝的讀者是年輕人。

常有人說日本年輕人不知道戰爭，這恐怕是一個偽命題。宣傳不必以大張旗鼓為能事，教育也不只在課堂上。他們從小到大看漫畫，玩電子遊戲，戰爭是一大題材。戰爭紀念館也比中國多得多，只是都冠以和平二字。對於日本，中國人向來缺乏平常心。我們的祖先給日本編造了海上有仙山之類的神話，現而今憤青也好，哈日族也好，仍然在編造日本神話，或者捧上天，或者捺入地。所謂平常心，首先就不要對它太關心，別那麼當回事，人家贏一個球不必起急，吃它一碗拉麵也不必美出鼻涕泡。正因為過於關心，自己不正常，電視才會演那麼多抗戰神劇。倘若有一顆平常心，如同看武俠電影、好萊塢電影，神劇也就不神，娛樂而已。《永遠的〇》這麼神的小說也不妨用平常心來看，但要是讀過幾本關於特攻的書，會覺得它像是複製粘貼而成，處處似曾相識。與其介紹作者的演義，還不如直接據史料展示一下歷史真面目，雖然也頗多不明之處。

一九四一年十二月八日拂曉，日本偷襲珍珠港，把位於夏威夷瓦胡島南岸的美軍基地炸得一塌糊塗。

日本得逞了，但聯合艦隊司令山本五十六心裡很清楚：日本開戰後能維持半年到一年的優勢，然後美國的國力將壓倒日本。果不其然，一九四二年六月在中途島海戰中損失了四艘航空母艦和很多飛行員，八月開始的瓜達爾卡納爾島戰役又遭受致命打擊，三萬兵力，戰死、病死、餓死了兩萬（美軍陣亡五千）。從瓜達爾卡納爾島撤退時，把手榴彈留給傷病員自我了斷，或者乾脆由戰友處死，以免當俘虜。大本營（直屬天皇的最高統帥機關）把撤退稱作「轉進」，對美國開戰六個月後，戰爭的主導權就完全轉進到美軍手中。當時日本的飛機不能與美國同日而語，初戰告捷主要是由於美國佬大意。總有人說日本人欺軟怕硬，這也是個偽命題。大概與落後就要捱打異曲同工，這話很勵志，興許硬起來，但也不要太大意，它軟的時候也是敢打你的。打大清並不比大清先進多少，僥倖取勝，外交大臣陸奥宗光在所著《蹇蹇錄》中驚呼「這意外的捷報」。打俄國、打美國都是比人家落後，何曾是柿子專揀軟的捏。

一九四三年日本更「軟」了，兵員不足，召學生出征。十月二十一日東京舉行「學徒出陣壯行會」，雨中閱兵也頗為壯觀。

一九四四年九月二十五日陸軍參謀本部哀歎「只有搞飛行特攻了」。特攻，全稱是神風特別攻擊隊，飛機掛上炸彈去撞擊敵艦，那景象類似九．一一恐怖分子撞毀紐約的大樓。這種敢死隊不是九死一生，而是「十死零生」，除非因故障而迫降，可能死裡逃生。《永遠的〇》就利用這故障，編排主人公宮部久藏少尉察覺飛機有故障，和預備士官調換，自己赴死。

第一個進行特攻作戰的是第二十六航空戰隊司令有馬正文。他認為用通常手段已不能取勝，十月十五日出擊，至於撞沒撞上敵艦，無處查證。有馬所屬的海軍第一航空艦隊司令大西瀧治郎是菲律賓方面海軍航空部隊最高指揮官，組建敷島隊、大和隊、朝日隊、山櫻隊等，這些隊名取自江戶時代國學家本居宣長的和歌「人問敷島大和心，朝日映豔山櫻花」，總稱神風特別攻擊隊。十月二十五日下令特攻，對航母進行自殺式攻擊，以削弱美軍戰鬥力。大西被稱作特攻之父。他說過：日本精神的最後表現是特攻，特攻能夠救國難。全體國民發揮特攻精神，哪怕敗了日本也不會亡。日本投降第二天大西切腹自殺，遺書寫着「對特攻隊英靈曰，善戰，深謝」。切腹的作法實際上半真半假，當人把短刀刺進肚囊的瞬間有個叫「介錯」的人負責用大刀砍斷脖子，一命嗚呼。大西沒有找介錯，痛苦十幾個鐘頭才死去。按慣例寫了辭世詩，風雨過後月清清甚麼的。他不是向那些白白送死的年輕人謝罪，而是替軍國主義政府頂了罪。

日軍垂死掙扎，使出很有點無賴的和式絕招，美國大兵看見從空中垂直掉下來似的特攻機大驚失色：小鬼子這是豁出去了，反正明天也會被擊落，乾脆今天就玩命撞戰艦，或許還有個賺頭。真就炸沉了一艘航母，洋溢了大西瀧治郎對特攻作戰的信心。也就過了倆禮拜，美軍明白了，那不過是「傻瓜炸彈」。高射炮齊射，形成彈幕，特攻機無法接近航母。到了最後階段，學生兵更沒有技術，好不容易駕機衝進來，卻不知怎樣撞目標。美國人始終對日本人的行為不可理解，而我們中國人看來，不就是來個魚死網破嘛。

起初特攻使用零式戰鬥機，但造價高，況且特攻次數增加，也趕造不出來，於是生產只能載一個人和炸彈的特攻專用機。單薄簡陋似「櫻花」，由飛機吊着飛行，接近目標後脱離，滑翔自爆。大活人操縱特攻機簡直是導彈的先驅。不僅有天上特攻，還有水中特攻，靖國神社的展館「遊就館」裡擺放的「回天」是一種由人駕駛撞敵艦的人體魚雷。指望起死回生，卻壓根兒是絕望的戰術。陸海軍熱衷於研製鈾彈，遲遲未成功，當東條英機首相叫喊「大和民族盡忠報國的精神力量是萬邦無比的」的時候，各種人體炸彈匆匆送上前線。大概仗打到這會兒，便超越軍事層次變成了一種美學。從啥事兒都能審出美來，這是日本人的本事。刀的審美遮掩了刀的本質，武器變成美術品。從我們的傳統文化來看，日本人的審美常常是審醜審惡，所以他們善於搞當代藝術。「玉碎」「散華」説得美，翻譯過來就是死，因為是漢字就順手牽羊，無意之間幫人家美。

一九七〇年代日本大眾文學有「三郎」走紅：司馬遼太郎、新田次郎、城山三郎。太郎不寫昭和的戰爭，比他小四歲的三郎寫。城山三郎生於一九二七年，也曾入伍大日本帝國海軍，分配到特攻隊，訓練中日本投降。戰敗後重新上學，畢業論文是《凱因斯革命的一個考察》。改行寫小説，以經濟小説聞名。

二〇〇七年去世，去年（二〇一四）角川書店創辦「城山三郎賞」，獎勵「描寫不管甚麼樣的境遇、狀況也作為『個』拼命活的人物形象的作品」。城山三郎寫過《指揮官們的特攻》，寫的是海軍列為特攻第一號的關行男大尉和最後實行特攻的中津留達雄大尉，他們怎麼拼命也活不下去。

關行男是第一個神風特別攻擊隊敷島隊的隊長。戰敗後，他的兩位長官，當然是活生生的，一位是第一航空艦隊航空參謀豬口力平中佐（神風特別攻擊隊的名稱就是他起的），又一位是第二〇一航空隊飛行長中島正中佐，一九五六年十二月合寫了一本書，叫《神風特別攻擊隊》，暢銷一時，被當作談特攻、寫特攻的原始文獻。寫道：在菲律賓的馬尼拉郊外基地，一九四四年十月十九日夜半，二十三歲的關行男被叫到第二〇一航空隊的士官室，豬口在場。說是大西瀧治郎中將下令，零式戰鬥機掛上二百五十公斤的炸彈去撞擊敵艦，選中了你。關行男緊閉嘴唇，沉默了片刻抬起頭，毫不含糊地說：「務請讓我來幹。」

當時在場的同盟通訊社記者、海軍報道班員小野田政也寫了一本《神風特攻隊誕生秘話》，卻說新婚五個月的關行男只是答應了一聲「遵命」，並沒有說「務請讓我來幹」，躍躍欲試似的，讓上峰們爽得像雲散月出。當天採訪關行男，只見他面色蒼白，大發牢騷：「日本也完啦。想不到要殺我這樣的優秀飛行員了。就憑我，不用玩命去撞也能讓五百公斤炸彈命中敵母艦的飛行甲板。我不是為天皇陛下去，不是為日本帝國去，是為老婆去。有命令就身不由己。日本要是敗了，老婆可能被美國佬強姦。我是為保護她而死。為最愛的人而死。」關行男也寫了辭世詩：弟子喲／忽地散了吧／像這山櫻花。

中津留達雄大尉和關行男是軍校同期，他明白地說：「我不急着死。」父母也拼命向八幡宮的武神祈禱，保佑獨生子「武運長久」。一個叫山下博的大尉罵中津留是膽小鬼，還施以拳腳。中津留是練習航空隊的教官，妻剛剛生了孩子，一九四五年三月受命編成特攻隊。長官宇垣纏中將當過山本五十六的參謀長，山本座機被擊落，他搭乘第二架飛機逃脫。天皇已經宣讀了停戰詔書，喪心病狂的宇垣纏不顧阻攔，仍帶領十一架「彗星」特攻機出擊。每機二人，他擠坐在隊長中津留的飛機上，只加了單程的燃料飛向沖繩海域。起飛前中津留發覺引擎不對頭，為了決死的司令官也不能迫降，於是換飛機。《永遠的〇》最關健橋段就是從這兒拿來的。宇垣纏自慰般痛快了，卻搭上十幾條年輕性命作陪葬。

如何確認特攻的戰果呢？原來飛行員攜帶發報機，要衝撞敵艦時按住鍵，基地收報，信號短就是被擊落，信號長即認定為撞擊敵艦。《永遠的〇》寫道：「特攻隊員們是出色的男子漢，他們多數發出了『超長信號』。」而城山三郎寫道：「七架飛機發出了撞擊的電信號，中津留的電信號尤其長，但事實上美軍艦船無損。」曾有人目睹，八月十五日晚上美軍開派對祝捷，遠處傳來爆炸聲，第二天美軍倒拽着三具日本飛行員的屍體，已經停戰了，不知何故一架飛機撞在岸礁上，一架栽進稻田裡。搭乘司令官的飛機上最後發生了甚麼，無人知曉。城山三郎推理：中津留大尉飛到沖繩上空，未發現美軍的飛機、艦船，宇垣中將這才說已接到停止積極進攻的命令。中津留佯作撞擊，卻避開了美軍營地，不然的話，停戰後仍然偷襲，日本必遭到全世界唾棄。

特攻指揮官們給出擊的隊員繫上一條紅太陽的摸額，敬上一碗酒，激勵說我們也隨後起飛，或者說我們最後也出擊，大都是謊話，他們並沒有像武士道鼓吹的那樣去找死。正是這些人戰敗後散佈特攻不是強迫命令，而是自願的，製造特攻的神話，以逃避「虐殺」（紀實文學家澤地久枝語）的罪責。《永遠的〇》也無非借這種自願說塑造特攻的英雄形象。當時有個叫美濃部正的飛行隊長斷然反對長官大西瀧治郎的損招，理由是特攻雖然有戰果，但有去無回，損失了好不容易培養的戰士，以後的仗還怎麼打。美濃部八十高齡去世，死前寫了一本《大正之子的太平洋戰爭》，說是不許把純真的年輕人投入特攻的濁流。當權者不是考慮如何儘快地結束戰爭，而是瘋狂叫囂「一億玉碎」。十七歲到二十幾歲的特攻隊員被迫送死，在軍紀監視下遺留的書信、日記等表面上說是為國家、為天皇、為國民獻身，當特攻很光榮，字裡行間卻透露出厭戰、勝利無望的真情。關於人體炸彈的死亡人數並沒有準確的數字，據靖國神社遊就館「大東亞戰爭七十年展」說明，到戰敗不足一年裡死了四千三百多人。估計其中七成是學生兵。日本近現代史專家保阪正康說：「以愛國的一般論調美化特攻隊員行為的瞬間，我們就掉進荒唐的泥沼。」

如何記述戰爭，反思戰爭，對於戰敗國的作家來說，的確是一個難題。當今世界，寫戰爭非亮出和平旗號不可，大帽子底下如何開小差呢？通常的手法是譴責戰爭，歌頌戰士。進攻與防禦似乎能轉化戰爭的性質，當日本被美軍打得節節敗退，它自己發動的戰爭就變成「為了自存自衛」（東條英機首相一九四四年施政演說），戰士為保衛祖國而戰了。日本人寫戰爭愛寫這後半，寫出慘勁兒就算是譴責戰爭。英勇善戰也不大好說，這時他們最拿手的是人情味，也就是與民主同樣普世的人性。《永遠的〇》裡宮部久藏一心為妻女活下去，躲避戰鬥，最終卻讓出生命，這情節煞是感人。小說開篇不久便提出宮部「那傢伙是海軍航空隊第一膽小鬼」，一路讀下來洋洋灑灑五百頁，突然宮部要送死，讀者不得不回頭尋思他從哪裡開始反常的呢，哪怕是伏筆。我看他是自殺。他對特攻隊員的死是這樣感受的：

今天我眼巴巴看着六架飛機全摔下去。「櫻花」的搭乘員裡有我的學生。出擊前他看着我的臉，說宮部教官掩護就放心了。可他就在我眼前噴火墜落了。一些搭乘員向我敬着禮墜毀。我的任務是掩護特攻機，哪怕自己被擊落，可我連一架飛機也沒能保護。我是活在他們的犧牲上。

精神折磨使他不能再貪生，只有一死了之，看上去好像為國捐軀。日本人心細，宮部早就給妻找好了下家，讓別人來承擔他的家庭責任，一舉兩得。小說裡的姐弟也就有了爺爺，誘導他們去調查，接受那場死了親爺爺的戰爭教育。

戰敗後日本社會對特攻有讚有否。靖國神社的特攻英雄論讚頌特攻隊員是英靈中的英靈，這些英靈奠定了今日和平的基礎，有他們的死才有日本戰敗後的繁榮，應該長久留在日本民族強烈願望那種悲慘的戰爭不再重複的記憶中。這裡的邏輯很有點匪夷所思，發動戰爭是志在和平，打了敗仗也心繫和平。特攻隊員或許不是懦夫，但絕不是英雄，充當了炮灰而已。特攻隊員活下來的不多，幾乎都緘口不言當年事。一位由於天氣惡劣而倖免出擊的學生兵松浦喜一年高八十時開口說：把特攻隊弄成特殊的東西，那就開始美化了。

同樣說和平，但歷史所賦予的含義或底蘊日本人與我們並不相同。他們反戰大都用殘酷二字反對一切戰爭，掩去了侵略與抵抗的本質不同。我們寬容地說軍國主義也給日本人民造成苦難，而日本強調這苦難是戰爭造成的。他們常談美軍對東京的轟炸，卻不談日軍早就轟炸過重慶。探究「那場戰爭為甚麼失敗了」，一個結論是「昭和陸軍的日本式組織的失敗」。反戰也各有不同，例如小說家阿川弘之熱愛海軍，憎恨陸軍。不少人認為「陸軍的橫暴把日本領進了戰爭」，而海軍開明，甚至反對戰爭，但實際上沒有一個海軍公開主張不能對美國開戰。把對於戰爭的道義追究變為戰場的戰術探討，自然抽去了戰爭的實質問題。歷史小說家司馬遼太郎反戰，不是反發動戰爭，而是反當時領導人不自量力，打了一場沒有勝算的戰爭。他極力否定昭和的戰爭，卻肯定並大肆美化明治年間的日清戰爭（甲午戰爭）、日俄戰爭。寫道：「後世說，日清戰爭不是迫不得已的衛國戰爭，顯然是侵略戰爭，當時的首相伊藤博文若聽到後世這種激烈的批評會大吃一驚吧，他完全沒有這樣的想法。」

天皇年初作詩（二〇一五年）：到日子不要忘記給原子彈爆炸中心那裡豎立的紀念碑供上白菊花。日本記住的是原子彈爆炸的後果，對於我們來說，順理成章的是投放原子彈的原因。日本的和平是戰敗的結果。本來應懺悔，「不再發動戰爭」，但日語含糊其辭，沒頭沒腦地說「戰爭不再發生」。日本跟德國沒有可比性。德國不僅敗給了外國軍力，也敗給了本國的正義勢力，而日本投降了，沒降給國內，所以天皇的詔書不是投降詔書，只是告訴臣民不打了，以後再説。猶太人對戰爭罪人窮追不捨，嚴懲不貸。中國人好儒，以德報怨，結果常弄得自己像怨婦。戰爭猶如被關進鐵籠的猛獸，和平就是那鐵籠。鐵籠有門，或者疏忽，或者故意，都可能把猛獸放出來。小説家、劇作家井上廈説過：「弄清過去才能看見未來」。我們不能教人家怎麼寫自己的歷史，但是和敗者坐在一起寫歷史教科書，勝者是不是有點萌萌噠。勾踐臥薪嘗膽，愚蠢的是夫差。美國用炮艦敲開日本江戶時代鎖國的大門，不足百年日本人就偷襲珍珠港報了仇。兩顆原子彈之仇也過去七十年，這回的歷史劇怕是已演到伍子胥自刎。百田尚樹説他總是聽着古典音樂寫作，寫《永遠的〇》聽的是馬斯卡尼的《鄉村騎士》，流淚寫出了最後的情節。那歌劇唱的是復仇。

二〇〇〇年大西瀧治郎墓地豎起了一塊「遺書碑」。他在遺書中號召：充分堅持特攻精神，為日本民族的福祉與世界人類的和平盡最大努力。

日本人牢記「零戰」，不會把它歸於〇。

剽竊與模仿

太宰治有一個短篇小說，叫《二十世紀旗手》。全篇分為十二「唱」，有的唱段非常短；七唱的標題是「我的日子我的夢」，其下有一句像是副題：「東京帝國大學內部，秘中之秘」，然後只一句話：「內容三十頁，全文省略。」不愧是日本無賴派作家，比中國作家的此處刪去多少字無賴多了。

《二十世紀旗手》在題目之下有一句題記：「活着，對不起。」據山岸外史說，這句話是太宰治剽竊的。山岸是太宰的朋友，太宰夫人曾歎息：要是山岸在東京，太宰就不會死。某日，山岸對太宰講起表哥寺內壽太郎的怪癖，說他寫了一首詩，就一行字：活着對不起。過了些日子，寺內突然衝進山岸家，給他看雜誌

《改造》，刊登了《二十世紀旗手》。「肯定是你對他說的，簡直偷了我的命！」山岸找太宰要說法，他支支吾吾，說：「其實，不知不覺的，誤以為那句是你說的了。」後來這寺內不知所終。

《快跑梅洛斯》是太宰治的名篇，在他的作品當中很有點另類。有學者考證，這個短篇全面借用了一九三七年日譯《新編席勒詩抄》裡的一首《人質》。不過，太宰編故事卻也源於生活。那是為修改《二十世紀旗手》，他在休閒地旅館住了一個來月。妻子託檀一雄給他送來七十多日元。檀一雄被人揶揄為太宰的跟班，兩個人尋歡作樂，錢很快揮霍光。太宰留下檀作人質，自己回東京籌錢。一去不返，店家起急，跟着檀上京找人。找到井伏鱒二家，太宰正在那兒下棋呢。趁井伏離席，太宰悄悄對檀說：「是等待的人難受呢，還是讓人等待的人難受呢？」最終佐藤春夫和井伏鱒二這兩位被太宰治師事的作家籌措三百日元替他擦了屁股。於是，太宰用《快跑梅洛斯》寫這個意思——「等待的人難受呢，還是讓人等待的人難受呢」？

在沒有著作權意識的時代剽竊無所謂。井伏鱒二毫不在乎地承認他的名著

《黑雨》基本是改寫一個廣島原子彈爆炸受害者的《重松日記》。相比於剽竊，模仿就像是一種學習，其精神可嘉。創作始於看樣學樣的模仿。一部日本近代文學史就是學習、模仿乃至剽竊西方文學的歷史。

村上春樹常拿來現成的題目給自己的書命名，先聲奪人，或許也不無向甚麼致敬的意思吧，卻難免假人家虎皮之譏。他是模仿美國小說出道的，這一點，當初大力舉薦他的文藝評論家丸谷才一說得明明白白：

> 村上春樹《聽風的歌》是在現代美國小說的強烈影響下搞出來的。庫爾特·馮內古特啦，理查德·布勞提根啦，他非常熱心地學習那類風格。那種學法不得了，沒有相當的才能就不能學到這個地步。要掙脫過去那種現實主義小說卻掙脫不出來，是當今日本小說的普遍傾向，縱然有外國的樣板，這般自在而巧妙地擺脫了現實主義，也可說是值得注目的成果吧。

村上是模仿的達人。他甚至被列入美國二十名作家當中，可這部成名作雖然早就由日本出版社翻譯為英文，本人卻不讓它走出國門，莫不是因為美國讀者一眼就認出它完全是馮內古特、布勞提根等美國小說家的仿造品。

日本人之善於模仿，在文學上也大顯身手。不由得想起郁達夫所言：「日本的文化，雖則缺乏獨創性，但她的模仿，卻是富有創造的意義的；禮教仿中國，政治法律軍事以及教育等設施法德國，生產事業泛效歐美，而以她固有的那種輕生愛國、耐勞持久的國民性做了中心的支柱。根底雖則不深，可枝葉張得極茂，發明發見等創舉雖則絕無，而進步卻來得很快。」

村上春樹說他以往人生中邂逅的最重要三本書是美國作家弗·司各特·菲茨傑拉德的《了不起的蓋茨比》、俄國作家陀思妥耶夫斯基的《卡拉馬佐夫兄弟》、美國作家雷蒙德·錢德勒的《漫長的告別》。這個《漫長的告別》日本有清水俊二一九五三年譯本，村上在學生時代就讀過。半個世紀後，二〇〇七年早川書房又出版村上春樹新譯，題目就照搬原文，只是把字母變成假名，這既是取巧，也是時代所致，日本氾濫外來語。這家創業於日本戰敗之日的早川書房以翻譯出版偵探小說為主，因譯介有功，獲得過美國偵探作家俱樂部獎勵。不過，村上在長得像川端康成穿過的長隧道一樣的譯後記中只字未提及推理，只把它視為文學名著，嚴肅得像他那張臉。我們來看一段《漫長的告別》（宋碧雲譯）：

那封信放在我台階底的紅白鳥舍型信箱內，有郵件的話，箱頂附在懸臂上的啄木鳥會往上抬，由於我從來沒在家收過郵件，所以就算啄木鳥抬起來我也未必會往裡瞧，可是最近啄木鳥的尖嘴掉了。木頭是新斷裂的。不知哪個搗蛋鬼用原子槍打了它。

信上有柯瑞奧．阿瑞奧德郵戳、幾張墨西哥郵票和一些字，如果不是墨西哥最近不斷在我腦海中出現，我未必認得出那些字來。郵戳我看不清楚，是用手蓋的，印泥已模糊不清了。信很厚。我走上台階，坐在客廳看信。晚上似乎很靜。也許一封來自死人的信會帶來一股死寂吧。

信的抬頭沒有日期也沒有開場白。

我在湖泊山城歐塔托丹一家不太乾淨的旅館裡，正坐在二樓房間的窗口邊。窗外有一個郵箱，僕役端咖啡來的時候，我曾吩咐他待會兒替我寄信，而且要舉起來讓我看一眼再投進郵筒。他這樣做可以得到一張一百比索的鈔票，對他而言算是一筆大錢了。

……

我要你收下這筆錢，因為我用不着，而本地憲兵一定會偷走。這錢本來就不是買東西用的。算是我給你惹這麼多麻煩的謝罪禮，且是對一個君子表示敬意吧。他們有他們的日子要過，我卻對自己的人生感到灰心而走到這一步。不是西爾維婭害得我變成了癟三，我早就是癟三了。

……

你被困在異國一家骯髒的小旅館，只有一條出路——相信我，朋友，這一點兒也不動人，一點兒也不精彩。徹頭徹尾地齷齪、下流、灰暗和猙獰。

所以忘了這件事也忘了我吧。不過，請先替我到維克托酒吧喝一杯螺絲起子。下回你煮咖啡，替我倒一杯，加點兒波本威士忌，替我點根煙放在咖啡杯旁。然後把這件事全部忘掉。

……

有人敲門。我猜是僕役送咖啡來了。如果不是，也許會有槍戰呢。

……

全部內容如上。我把信重新摺好放進信封。敲門的應該是送咖啡的僕役，否則我不會收到這封信。更不會有一張「麥迪遜肖像」。「麥迪遜肖像」就是五千美元的巨鈔。

這裡似乎有誤譯，不應該先後兩次端咖啡來、送咖啡來。前面不是「曾吩咐他」，而是寫信人心裡的盤算吧。

再翻看一下村上春樹的名作《圍繞羊的冒險》：

年也臨近的十二月二十九日鼠的信皺皺巴巴被塞進我住處的信箱。

貼了兩張轉寄的貼條，因為收信地址是過去的。我搬家怎麼也無法通知他，無可奈何。

我把寫滿四張淡綠色信紙的信反覆讀三遍以後，拿起信封查看有些模糊不清的郵戳。那是我沒聽說過名字的地方的郵戳。我從書架上拽出地圖冊查找那個地名。從鼠的文章想到本州北端附近及周圍，不出所料，位於青森縣。從青森乘火車需要一個來小時的小鎮。早上兩趟，白天一趟，傍晚兩趟。十二月的青森我也去過幾次，那裡冷得可怕，連信號機都凍住。

……

第一個拜託有些感傷，是關於『過去』的。我五年前出走時非常混亂，匆匆忙忙，忘了跟幾個人說再見。具體地說，你和傑，和你不認識的一個女孩兒。覺得還會再見到你，能好好說一聲再見，至於那二人可能再沒有這種機會了。所以，如果你回那裡，請幫我轉達再見。

……

還有問候傑，喝了我那份啤酒吧。

……

附上支票。幹甚麼都行。錢的事完全不用擔心。在這裡沒有地方花，而且現在我能做的好像只有這一點。

千萬別忘了喝我那份啤酒。

去掉轉寄紙條的糨糊，郵戳就看不出來了。信封中裝了十萬日元的銀行支票和寫有女人名字和住址的紙和羊的黑白照片。

怎麼樣？行文的腔調與質感都酷似，人難以理解他人的感覺也相仿，具體的描述更多有近似之處。例如都是友人從遙遠而糟糕的遠方來信，都寫了告別的話，都附帶了一大筆錢，都讓朋友替他喝一杯。而且《漫長的告別》給「啄木鳥」和「尖嘴」點上着重號，《圍繞羊的冒險》也給「糨糊」加了點兒，卻猜不透究竟讓讀者留意點甚麼。

更妙的還是太宰治。他《女學生》《潘多拉盒子》等作品或可說是取材於讀者來信，而代表作《斜陽》乾脆就抄襲女人的日記。那女人叫太田靜子，是開業醫生的女兒，出版過歌集《衣裳的冬天》。和弟弟太田武的朋友結婚，生下女兒滿里子夭折，後協議離婚。弟弟太田通是文學青年，推薦太宰治《虛構的彷徨》，她讀了，把女兒之死寫成日記式作品，寄給太宰治。太宰治竟然回了信，說「願意的話，來玩吧」。她去太宰家，太宰說：小滿里子的事情，還有別的任何事情，寫日記吧，用輕鬆的心情，不加修飾，率直地。二人關係密切，引起太宰之妻美知子疑惑，太宰就撮合靜子跟自己的弟子。《正義與微笑》即取材於這個弟子的弟弟十幾歲時的日記。過了五、六年——這裡頗有點《源氏物語》裡源氏發現並培育幼女紫上，待其長大迎娶的意思——太宰治對靜子說：給我看看日記吧。《斜陽》責任編輯記述了當時的情景：太宰治說，寫下一個小說，怎麼也需要你的日記。小說寫成了，給你一萬日元。靜子回答，你來我住處，就讓你看日記。靜子想要生太宰治的孩子，太宰治想要靜子的日記。

一個月後，太宰治又勾上山崎富榮，對靜子冷淡，靜子覺得他只想要小說的材料罷了。小三、小四，或者小五、小六，總之山崎見到了靜子，在《和太宰治的愛與死筆記》中記下「《斜陽》的婦人也在一起」。靜子就是《斜陽》的主人公和子。把《斜陽》和太田靜子的《斜陽日記》加以對照，例如那句名言，「人是為愛情與革命而降生」，原來是靜子說的。而且她付諸實踐，生下太宰治的孩子，親朋故舊都跟她斷絕了關係。《斜陽》無限地近乎太宰治與太田靜子的合著，如果是作案，靜子也會被問罪，但文學的強取豪奪自有各種冠冕堂皇的說辭。

《斜陽》有八章，前五章基本上採用靜子日記，後面則使用靜子寫給太宰的信，筆調不免是《斜陽日記》的，太宰治作為大作家的本事或許在結構。靜子寫信是「太宰治先生（我的作家、我的契柯夫、M.C）」，而小說中和子給上原寫信是「上原二郎先生（我的契柯夫、my 契柯夫、M.C）」。當然，作家本人和作品是兩回事，但太宰治從戰略上總是故意讓讀者鬧不清真假。

女人，對於川端康成來說是美的對象，對於三島由紀夫來說是體現理念的思想性器具，而對於太宰治，女人是緊抱他這個孩子的聖母。谷崎潤一郎和太宰治很會寫女人，好像都是靠女人才把女人寫得那麼好。日本小說最被人模仿的是太宰治，看似報應，其實是小說創作的規律。不久前獲得芥川獎的又吉直樹也說，太宰治對於他來說是特殊的作家。若受其影響太過，模仿得不好，可能得太宰病，活得懨懨的。即使在著作權嚴格的現代，模仿、抄襲、剽竊有時也真是說不清。過去的作家不把抄襲或剽竊當作違規，但是用今天的眼光來看，他們的創作能力也應該打一些折扣。寺山修司多才多藝，十八歲被譽為天才歌人，他拿別人的俳句當素材改編成和歌，哪怕化腐朽為神奇也遭到譴責，他辯解沒工夫嘛。

貓作家和狗作家

有人喜歡貓，有人喜歡狗。有人養貓，有人養狗。有人不養，卻喜歡，常常在路上招貓逗狗。一個人的外貌與性格似乎和貓狗有搭不搭的問題，混搭總有點彆扭。東京看櫻花的勝地上野公園裡有一尊塑像，是明治維新時代的西鄉隆盛，今年日本NHK大河電視劇正演他，牽着一條狗，看上去很搭。竹久夢二有一幅名畫叫《黑船》，穿一身黃色長袍的女人懷裡抱一隻漆黑的貓，也很搭。像高倉健那樣的形象，如果和一條狗，而且是那種杜賓犬，在荒野上奔跑一定很帶勁兒，若是在客廳裡逗弄貓，就會有戲劇效果。當然作家乃至文豪也各有所愛，於是有好事之徒把他們分成貓派和狗派。例如夏目漱石、村上春樹等作家屬於貓派，其人其作是否就有些貓氣，好像也看不出來。

村上春樹喜歡貓，也很愛寫貓。假如他喜歡狗，或許也相得益彰，卻只怕狗難以在他的小說裡充當那麼多角色。對於人來說，貓是玩具，而狗是伴侶。貓愉悅人，狗感動人。狗的主題基本定型為忠義，作家難以跳出圈外寫狗，而貓既有猛獸的雄姿，又有寵物的媚態，足以讓作家浮想聯翩。可是，過多地投影人的心理，超出其本性，每每變成了妖貓、貓精。現代日本最可以號稱「貓作家」的並不是村上春樹，而是保坂和志，所有作品都少不了貓這個要素，無貓不成篇。他得過芥川、谷崎、川端等多種文學獎，讀者卻遠遠不如村上多。

夏目漱石的小說就叫《我是貓》，這隻貓是日本最有名的。小說第一句寫道：「我是貓，還沒有名字。」像川端康成的小說《雪國》第一句，「穿過國境長隧道就是雪國，夜的底下變白了」一樣有名。這隻貓到死也沒有名字。夏目家養貓也養狗，狗有名字，貓卻就叫「貓」。貓死了，夏目把屍骸埋在書房後面的櫻樹下，在墓牌的表面寫上「貓之墓」，背面寫了一首俳句（この下に稲妻起る宵あらん），意思是這下面將會有閃電的夜晚，閃電指貓在夜裡目光炯炯。他把這件事寫成隨筆《貓之墓》。幾年前我在北京遇見一位朋友，精神不振，問他怎麼了，他說一隻餵養多年的貓死了，我便想起那篇隨筆，但聽他說屍骸丟進垃圾堆，便不好再說甚麼。夏目漱石生在東京的新宿區，也死在那裡，二〇一七年紀念他誕辰一百五十週年，新宿區建造了「漱石山房紀念館」，院子裡有一座幾塊石頭疊起來的小塔，那就是「貓之墓」，不過是復原的，原物當年被美軍炸壞了。種種行狀都讓人認定這位明治大文豪喜歡貓，可是他說過：其實我不喜歡貓，更喜歡狗。確實，他寫貓，還畫貓，但從未說過他喜歡貓。《我是貓》的最後，那隻洞察人情世故的貓喝了人家婚宴杯子裡剩下的啤酒，腳下蹣跚，掉進水甕裡淹死了——下場有點慘。夏目漱石的弟子內田百閒擅長寫隨筆，以幽默著稱，愛貓是出了名的，他認為「我」沒淹死，又活了過來，還寫了一本《贋作我是貓》，有一點狗尾續貂。

谷崎潤一郎喜歡貓，也喜歡狗，好像喜歡貓更多些。在他看來，「動物中相貌最好的是貓類，貓、豹、虎、獅子都漂亮。漂亮，但要說哪個最好，就是貓。第一眼好，而且鼻子的形狀帥。獅子或虎、豹的鼻樑與臉相比有點兒太長了，所以中間拖沓，不利索。要說這一點，貓的鼻子很理想，不長不短，保持非常好的協調，從兩眼之間哧地引向嘴角的線條美不可言。尤以波斯貓第一好。哪裡還有把臉弄得那麼端正的動物啊。」

谷崎很早就喜歡貓，住在橫濱時養過，但討厭日本貓。真正熱心地養貓是搬到關西以後，有三隻波斯貓，一隻美國貓，一隻英國貓，還有一隻混血貓，混有日本貓的血。這還不算多，最多的時候養了十一隻。他也寫過貓，叫《貓和莊造和兩個女人》，但不是像夏目漱石和村上春樹那樣把貓異化為人，貓還是貓，是人與之相處的貓。莊造開雜貨店，兩個女人是莊造的現任妻子和前妻，貓是母貓，叫麗麗，莊造愛貓勝過愛這兩個女人。小說的主題有點反谷崎，因為他向來是奴隸般崇拜女人愛女人。隸屬於女人是幸福的，貓換了人家，不再讓以前的主人隸屬，莊造也就失去了幸福。大概這就是貓不如狗之處。老話說，貓是奸臣，狗是忠臣。人討好貓，狗聽從人。

池波正太郎喜歡貓，簡直不能想像家裡沒有貓，因而《鬼平犯科帳》的長谷川平藏、《劍客商賣》的秋山小兵衛都養貓。鬼平的貓是一隻虎貓，叫五郎，池波家的貓就是叫五郎。過了半夜，貓悄無聲息地進了書房，在他的床上睡覺，直到他工作完。當工作疲倦了，換一下心情，就拿貓當玩具，所以也會被貓厭惡。養貓有益於工作，而養狗，需要放下工作去遛，狗跟作家走，或者作家跟狗走，並拾掇狗屎，有益於健康。

三島由紀夫眼裡的貓是這樣的：「我非常喜歡那憂鬱的獸。不會玩把勢，並不是學不會，而是認為那種事無聊，所以我說不出來地喜歡那種小聰明的任性模樣，整齊的齒列，冷冷的媚態。」在書上見過一張三島小時候的全家福，弟弟抱着狗，他抱着貓。三島是「恐妻家」，也就是我們說的妻管嚴，書桌的抽屜裡備有餵貓的小乾魚，被討厭貓的夫人發現，從此不敢讓貓溜進他書房。或許也是要改變自己的肉體和性格，他在小說《午後曳航》中兇殘地殺貓，「抓住貓脖子提起來，貓沒有出聲，無力地從他手指垂下來。他點檢了自己的心有否產生憐憫，那只是遠遠地一閃而過，於是安下心來」。一次又一次把小貓摔到木頭上，「覺得自己變成了了不起的男子漢」。三島練出一身腱子肉，還動刀切腹自殺，賣的是男人形象，但根底卻是女性類型，同性戀裡擔當女角，變身為貓。本性是貓，卻偏要狗模狗樣，以致人們常覺得三島由紀夫特別裝。

小小的貓和百獸之王獅子有着同樣的遺傳基因，人腦感染了貓腸裡繁殖的弓漿蟲無法治癒。養狗有好處，似乎養貓沒好處，但養貓的人越來越多，超過了養狗。有人說，這是貓征服了人，征服了地球。貓的媚態帶有危險性，如同美女。村上春樹的《海邊的卡夫卡》裡有一隻像貴婦的母貓，叫咪咪，它卻對人說：「貓的一生並非那麼牧歌似的。貓是無力的容易受傷的小生物。既沒有龜那樣的甲殼，又沒有鳥那樣的翅膀。不能像鼴鼠那樣鑽進土裡，也不能像變色龍那樣變色。世上的諸位不曉得有多少貓天天慘遭折磨，白白離開了世間。」

小說家、劇作家井上廈坦白自己上小學時把芥末塞進貓的鼻子裡，上高中時給貓澆上汽油點火，貓嗷地以新幹線的速度狂奔，不知所終。還實驗貓有沒有九條命，從三十米高的瞭望塔頂上丟下去，啪唧就摔死了。他坦白之後辯解：好像動物愛護家裡面有很多人不能愛人，他們能不理睬和自己同類的人捱餓，卻不能坐視自己旁邊的貓狗捱餓。自稱動物愛護家，給狗餵牛肉，很有點滑稽。對於牛這種動物的愛護精神，他們究竟是怎麼考慮的呢？真正的動物愛護家應該不飼養肉食動物吧。

井上廈殺貓時還沒有當作家，作家也有殺貓的，而且是愛貓的女作家，叫坂東真砂子，得過直木獎，三年前因舌癌去世，活着的時候在報紙上寫專欄，有一篇《殺貓崽》（子猫殺し），題目像村上春樹的《殺騎士團長》（騎士団長殺し），寫她養的母貓下貓崽，被她丟到崖下。她認為，交配是貓的幸福，不該被剝奪，但產下貓崽，自己養不了，只能處理掉，這是母貓須付出的代價。此文引起軒然大波。東野圭吾出頭為她辯護，說人們按照自己的需要把動物分成寵物和畜牲，怎處置畜牲都可以，但不能殺寵物，而且隨意地認定，閹割動物的繁殖本能卻不算殘酷。東野圭吾也是愛貓家，家有一隻老貓，相當於人類一百歲，他用一個從上高中時就一直用的尼龍袋裝上它定期去醫院檢查。對於貓崽，他的辦法是丟到房後，任其自生自滅，避免了殘酷的惡名。

東野圭吾的作品《預知夢》裡出現貓，是推理小說中經常出現的「白色波斯貓」，只作為破案的線索。《惡意》裡有一隻被毒死的貓。嬌小的宮部美幸應該喜愛貓，雖然牽一條大狗也會是亮眼的畫面。她多次寫到貓，例如《天狗風》裡有一隻叫「鐵」的小貓，會說人話，跟天狗大戰。

川端康成瞪着一雙大眼睛，好像很適合抱一隻貓，但照片上，他在書案前卻是抱一條小狗，旁邊還站了一條大狗。名作《禽獸》裡只有狗，沒有貓。他喜歡母狗，覺得讓它生孩子很有趣。養六條狗，趕在一起下崽兒，一下子變成十五、六條。村上春樹也喜歡看貓下崽，他寫道：「現在養的暹羅貓性格非常怪，我不給它握着爪子就不能生產。這貓開始陣痛就馬上跳到我膝上，好像喊着號子，用倚靠無腿坐椅似的姿勢坐下不動。我緊緊握住它的雙爪，小貓就一隻又一隻地生出來。看貓下崽兒真好玩。」

遠藤周作「絕對不認為狗不能理解人的心」，他屬於狗派無疑。小時候住在大連，父母不和，只有一條狗跟他相伴，叫黑子。隨母親回國，不能帶狗走，他覺得自己背叛了黑子，內心很受傷。結婚後撿來一條小狗餵養，取名小白。遠藤寫過一本有關動物的隨筆《我最好的朋友動物們》。

渡邊淳一好像只喜歡女人，不喜歡貓狗。芥川龍之介和太宰治都怕狗。芥川在路上碰見狗就繞道走。他的同學說，他隔着幾棟房子就能聞出狗味兒，感知其存在。可他家裡也養狗，只是怕外面的狗。太宰治寫過一篇又像小說又像隨筆的

《養狗談》（原文「畜犬談」），非常有意思。一落筆就說：「我對狗有自信，自信早晚有一天必定被它狠咬住。我非被咬不可，有這個自信。」有一天，一隻被丟棄在練兵場的全黑的小狗跟在他身後進了家門，賴着不走了。雖然怕它，恨它，一點也不喜歡它，卻更怕狗復仇，怕狗變成鬼作祟，只好養着它。這狗得了皮膚病，妻子讓「我」殺了它——女人這時候比男人更冷酷，更有膽量。「我」把它帶到它的故鄉——練兵場，給它吃了毒牛肉卻沒有毒死，又跟了回來。「饒了吧，那傢伙沒有罪。藝術家本來就應該站在弱者一邊，是弱者的朋友。對於藝術家來說，這就是出發，也是最高的目的。我忘了這麼簡單的事。不僅我，大家都忘了。」太宰治生動而幽默地寫出了對於狗由怕到愛的心態，理由也冠冕堂皇，我甚至認為寫貓寫狗，這篇萬把字的《養狗談》寫得最好不過了。

有一種文學叫動物文學，以科學的態度觀察並描寫自然中的動物，譬如狼、狗、馬。原是在生活以狩獵、畜牧為主的歐美形成的，日本作為農耕國家戰敗後引進而發展，主要作家有戶川幸夫、椋鳩十等。我們以上講到的作品基本都不算動物文學，因為宗旨是寫人。

責任編輯 陳　菲
書籍設計 林　溪
排　　版 周　榮
印　　務 馮政光

書　　名 光看沒有酒，櫻花算個屁
——李長聲日本妙譚集2
作　　者 李長聲
出　　版 香港中和出版有限公司
Hong Kong Open Page Publishing Co., Ltd.
香港北角英皇道四九九號北角工業大廈十八樓
http://www.hkopenpage.com
http://www.facebook.com/hkopenpage
http://weibo.com/hkopenpage
Email: info@hkopenpage.com
香港發行 香港聯合書刊物流有限公司
香港新界大埔汀麗路三十六號三字樓
印　　刷 陽光彩美印刷製本廠有限公司
香港柴灣祥利街七號萬峯工業大廈
版　　次 二〇二〇年三月香港第一版第一次印刷
規　　格 三十二開（148mm × 210mm）三〇四面
國際書號 ISBN 978-988-8570-98-0